玉林师范学院附属中学校本教材

# 琢玉成器

玉林师范学院附属中学　编

敏思乐学

仁爱拼搏

乐学博长

宏纳笃行

西南交通大学出版社
·成　都·

图书在版编目（CIP）数据

琢玉成器 / 玉林师范学院附属中学编. —成都：
西南交通大学出版社，2018.3（2019.8 重印）
ISBN 978-7-5643-6050-4

Ⅰ.①琢… Ⅱ.①玉… Ⅲ.①德育 – 中学 – 教材
Ⅳ.①G631

中国版本图书馆 CIP 数据核字（2018）第 025558 号

**琢玉成器**
玉林师范学院附属中学　编

| | |
|---|---|
| 责任编辑 | 梁　红 |
| 助理编辑 | 居碧娟 |
| 封面设计 | 严春艳 |
| 出版发行 | 西南交通大学出版社<br>（四川省成都市二环路北一段 111 号<br>西南交通大学创新大厦 21 楼） |
| 发行部电话 | 028-87600564　028-87600533 |
| 邮政编码 | 610031 |
| 网　　址 | http://www.xnjdcbs.com |
| 印　　刷 | 武汉市卓源印务有限公司 |
| 成品尺寸 | 185 mm × 260 mm |
| 印　　张 | 6.5 |
| 字　　数 | 180 千 |
| 版　　次 | 2018 年 3 月第 1 版 |
| 印　　次 | 2019 年 8 月第 4 次 |
| 书　　号 | ISBN 978-7-5643-6050-4 |
| 定　　价 | 22.00 元 |

课件咨询电话：028-87600533
图书如有印装质量问题　本社负责退换
版权所有　盗版必究　举报电话：028-87600562

# 编委会

**主　任**　　袁名泽　吴　晔

**副主任**　　胡伟英　李　斌

**主　编**　　吴　晔

**副主编**　　胡伟英　李　斌

**编　委**　　梁瑞雄　徐君悦　韦陈凤

　　　　　　梁雁飞　罗静青　梅益贝

# 序

这本《琢玉成器——玉林师范学院附属中学校本教材》是玉林师范学院政法学院高中政治学科建设基地与玉林师范学院附属中学全体政治老师合作共研的成果。

2015 年，广西壮族自治区教育厅《关于启动普通高中学科基地建设工作的通知》中规定："2015 年拟先行启动建设 21 个普通高中学科自治区级课程基地，2017 年建成 50 个左右的自治区级普通高中课程基地。"玉林师范学院根据此通知以项目申报的形式开始竞标，我有幸成功申报成功了政治学科基地建设项目。在寻找合作学校的时候，玉林师范学院附属中学进入了我的视野。

玉林师范学院附属中学是一所历史悠久、远近闻名的自治区一级学校，办学渊源可追溯到 1971 年，教育文脉绵延不断，文明薪火数代相传，有较厚实的文化积淀。办学四十多年来，该校一直秉承"为学生成功人生奠基"的办学理念，在"敏思乐学，宏纳笃行"的校训中阔步前进，已形成了"文明进步，仁爱拼搏"的校风，"严谨宽容，善导笃行"的教风、"勤奋踏实，乐学博采"的学风。玉林师范学院附属中学全心竭力构建校园文化，书香校园绽放异彩，焕发无限生机与活力。青青校园溢满书香，读书成为一种乐趣，成为一种习惯，成为师生校园生活的一种常态。"腹有诗书气自华"已是广大师生追求的境界。玉林师范学院附属中学始终本着"为学生成功人生奠基"的信念，带领附中人在精益求精的教学道路上稳步前行。

于是，我决定将政治基地设在玉林师范学院附属中学。在全体老师的配合下，玉林师范学院附属中学成功获得政治学科建设基地。

该项目于 2016 年 1 月正式启动，在 2015 年秋季期即将结束之际，我召集该校政治组所有老师商讨如何进行该基地建设。全体老师献计献策，主张建设内容包括校本教材、教师科研和教学技能能力提升、青年教师培养、文化长廊和思政网站等。同时，该项目组也讨论了建设步骤，决定先从校本教材建设入手。因此，该校本教材是该基地建设的第一个阶段性成果。贴近学生学习实际的校本教材是一份不可多得的丰厚精神食粮。《琢玉成器——玉林师范学院附属中学校本课程》作为该校正式供学生使用的校本教材，是全体政治教师倾其心血打造的，意在立足本土教育思想特色，挖掘本土教育思想中的养分，发挥这种优秀特色教育思想对学生的滋养、熏陶功能。

"让德育更具亲和力，让德育少些说教的痕迹"一直是该校全体政治教师努力的目标。这本教材以"美好心灵和行为模式的培育"为红线拾掇缀连、贯穿始终。本书一共分为六个章节，分别是第一章"习惯与养成"；第二章"生活与礼仪"；第三章"生活与责任"；第四章"生活与法律"；第五章"生活与理财"；第六章"心理与健康"。考虑到中学生的认知特点，教材内容编撰力求浅显、易懂、积极、有趣，不求细而全，但不失精当，为独具特色的玉林师院附中德育思想在校园传播提供了一个有效载体。本教材也是学生政治课程学习的一个补充，旨在开辟途径，培养学生热爱学校、热爱玉林、热爱中国的情怀，增进德育知识，同时为学生绘下优秀道德理念的底色。

"问渠那得清如许，为有源头活水来。"愿这本校本教材早日进入该校学生的视野，受到学生喜爱，使学生的心灵受到良好的熏陶；也愿这本教材深深植入玉林师范学院附属中学这块沃土，植入学生的心灵，在学生的灵魂深处生根、开花，争奇斗艳，结出硕果。如此，则是该教材的最大幸事。是为序。

袁名泽<br>
丙申年于玉林师范学院政法学院

# 目 录

致同学们的一封信 …………………………………………………………… 1

第一章　习惯与养成 ………………………………………………………… 3
　　第1课　告别陋习，走向文明 …………………………………………… 4
　　第2课　习惯与人生 ……………………………………………………… 9
　　第3课　学会合作，体验成功 …………………………………………… 11

第二章　生活与礼仪 ………………………………………………………… 15
　　第4课　礼仪花香满校园 ………………………………………………… 16
　　第5课　感恩父母，生命的基点 ………………………………………… 24

第三章　生活与责任 ………………………………………………………… 30
　　第6课　千里之行，始于做人 …………………………………………… 31
　　第7课　责任与生命同行 ………………………………………………… 34

第四章　生活与法律 ………………………………………………………… 40
　　第8课　生活离不开法律 ………………………………………………… 41
　　第9课　知法、懂法，明辨是非 ………………………………………… 47
　　第10课　增强法律意识，远离违法犯罪 ………………………………… 52

第五章　生活与理财 ………………………………………………………… 57
　　第11课　理性消费 ………………………………………………………… 58
　　第12课　投资与理财 ……………………………………………………… 61

第六章　心理与健康 ………………………………………………………… 69
　　第13课　寻找幸福 ………………………………………………………… 70
　　第14课　认识自我 ………………………………………………………… 79
　　第15课　优秀是一种习惯 ………………………………………………… 83
　　第16课　天行健，君子以自强不息 ……………………………………… 91

后　记 ………………………………………………………………………… 95

# 致同学们的一封信

同学们：

每个人对自己的人生定位不同，生活态度自然就不同。打算把自己置于哪个层次、何种境界，是每一个严肃生活的人都不得不考虑的现实问题，也因此决定了这个人的生活方式。鲁迅立志揭露民族的劣根性，以引起国人的注意，所以"横眉冷对千夫指，俯首甘为孺子牛"。哈佛大学集中了全美甚至世界最优秀的学生，其校训正是"追求卓越"。是的，雄鹰不甘宇下，骏马难守圈栏。一个志存高远的人，必定将追求优秀作为自己的人生目标，作为一种近乎本能的习惯。

优秀习惯的养成是一个漫长的过程，是一种常态，一种经过长期培养历练而形成的自然而然的状态，一种无需思考即可再现的回忆。它可以有一个明确的起点，但肯定没有固定的终点。只要不断追求，每一个阶段性的成果都会成为一个新的起点。

"让德育更具亲和力，让德育少些说教的痕迹"一直是我们努力的目标。在新的学期里，我们精心为你们准备了这本德育自我修养的读本，希望能为你们的学习与成长之路带来启迪与激励。

新的学期，新的希望。同学们，你们准备好了吗？

玉林师范学院附属中学政治组

# 第一章　习惯与养成

# 第1课　告别陋习，走向文明

华夏大地，礼仪之邦，几千年源远流长的文明礼仪，是我们的骄傲和财富。一个人的举手投足、音容笑貌，无不体现一个人的气质与素养。文明礼仪是我们学习、生活的根基，是我们健康成长的臂膀。德国著名文学家歌德曾经说过："一个人的礼貌就是一面照出他肖像的镜子。"的确，人们总是根据一个人的言谈举止对其作出评价。因为，礼貌是人类和谐相处的金钥匙，只有拥有它才会幸福、快乐。我们不必埋怨这个社会的文明水平不高，不必怨艾自己的力量太小，对社会的影响不大。试想一下，面包里的酵母不是很少么？可是，仅仅是这一点酵母，就可以让面包膨胀数倍。所以，我们每一位同学都应该做这个时代的酵母，让自己的酵素，在这个社会起到应有的作用。

乌申斯基曾经说过："好习惯是人在神经系统中存放的资本，这个资本会不断地增长，一个人毕生都可以享用它的利息。而坏习惯是道德上无法偿清的债务，这种债务能以不断增长的利息折磨人，使他最好的创举失败，并把他引到道德破产的地步。"

文明是自身道德的体现，而公共文明又建立在个人文明礼仪之上。倘若一个人不注重自身的文明修养，他也不会有良好的公共文明。人要有良好的公共文明，必须先从自身做起，从身边的小事做起。正如古人所说的：格物、致知、诚意、正心、修身、齐家、治国、平天下。完善个人道德修养，便有了推进社会公共文明的基础。那么，让我们从现在开始，告别陋习，走向文明。

## 各抒己见

请仔细观察下面图片，谈谈你的看法。

最令人深恶痛绝的五大生活陋习：

1．乱丢乱扔

草稿纸，面巾纸，食品袋，饮料瓶随手乱扔；教室扔，寝室扔，食堂扔，会场扔，操场扔、路上扔……有的人就像垃圾制造机，走到哪里，扔到哪里，人到哪里，脏到哪里，丝毫没有保护环境、爱护环境的意识。

2．乱涂乱画

课桌上画，椅凳上画，墙壁上画，雕塑上画，教室里画，走廊上画，厕所里画；在国内乱画，到国外也乱画。

3．随地吐痰

随便吐痰不但不文明，还会危害人类健康。研究表明，随地吐痰，尤其是患传染性疾病如非典型肺炎、肺结核、流行性感冒等的患者随地吐痰，其痰中的致病微生物会蒸发到空气中，可使健康人通过呼吸到病菌的空气而受到传染。

4．言语粗俗

这在一些学生身上比较普遍，一张口就是脏话，一说话就是骂人。特别是在下课嬉闹的时候，在操场运动的时候，满耳充斥污言秽语，即使有成人在场也无所谓。听到的人都觉得不好意思，说的人却毫不觉难为情。

5．大声喧哗

在公共场所旁若无人地高谈阔论，或口若悬河，或大声叫喊，或与他人争论，无视他人的反应。严重干扰他人，破坏他人和谐的工作和生活环境，是一种不尊重他人的不礼貌行为。

**各抒己见**

请你谈谈生活中还有哪些不文明现象是值得我们注意的。

## 中学生校园十大礼仪规范

（1）言语要文明，见面问声好。友善共相处，热情礼相待。

（2）衣着应端庄，仪态要规范。

（3）领物取物，主动排队，相互礼让，井然有序。

（4）他人宿舍，非请莫进；他人财物，未准莫取。

（5）走道楼梯，人来人往，你谦我让，主动留道。

（6）弱小贫困，帮扶资助；残疾病患，文明相待。

（7）桌面墙面，莫乱涂画；垃圾杂物，弃置有道。

（8）进出校门，主动下车，微笑致意。

（9）上课考试，休息时间，尊重他人，保持安静。

不积跬步无以至千里
不积小流无以成江海

## 各抒己见

如果碰到下列情况，你该怎么办？

场景一：自习课，老师都在开会，班上同学吵闹。

场景二：你做作业时碰到难题，百思不得其解，同学把做好的作业让你抄。

场景三：课间你在走廊中吃完橘子，剩下橘子皮，可旁边没有垃圾箱，也没有老师。

播种行为，可以收获习惯；播种习惯，可以收获性格；播种性格，可以收获命运。——[英]克雷

习惯是一种顽强而巨大的力量，他可以主宰人生。——[英]培根

### "十 讲"

（1）语言上讲文明；　　　　（2）行为上讲规范；

（3）学习上讲刻苦；　　　　（4）生活上讲卫生；

（5）活动中讲参与；　　　　（6）集体中讲团结；

（7）待人上讲礼貌；　　　　（8）处事上讲谦让；

（9）校内外讲形象；　　　　（10）时时处处讲安全。

## 读一读

北京有一家外资企业高薪招聘应届大学毕业生,对学历、外语的要求都很高。应聘的大学生过五关斩六将,到了最后一关:总经理面试。一见面,总经理说:"很抱歉,年轻人,我有点急事,要出去10分钟,你们能不能等我?"这仅剩的几位大学生们都说:"没问题,您去吧,我们等您。"经理走了,大学生们闲着没事,围着经理的大写字台看,只见上面文件一叠,信一叠,资料一叠。都是些什么呢?他们你看这一叠,我看这一叠,看完了还交换:哎哟,这个好看,哎哟,那个好看。

10分钟后,总经理回来了,他说:"面试已经结束,你们全都没有被录用。"大学生们个个瞪大了眼睛,"这是怎么回事,面试还没开始呢?"总经理说:"我不在的这一段时间,你们的表现就是面试。很遗憾,本公司从来不录用那些乱翻别人东西的人。"

真正优秀的学生是养成了良好习惯的学生,而这几位大学生没有养成尊重他人、未经允许不乱翻他人东西的好习惯。

★ **课后小作业**

完成以下挑战计划书。

### "告别陋习,挑战自我"挑战计划书

## 第 2 课　习惯与人生

　　一根小小的柱子，一截细细的链子，拴得住一头千斤重的大象？你相信吗？

　　在印度和泰国，驯象人在大象还是小象的时候，就用一条铁链将它绑在水泥柱或钢柱上，无论小象怎么挣扎都无法挣脱。小象渐渐地习惯了不挣扎，直到长成了大象，可以轻而易举地挣脱链子时，也不挣扎。

**想一想**

绑住小象的是柱子，那绑住大象的是什么呢？

　　世界上最可怕的力量是习惯，世界上最宝贵的财富也是习惯。一个企业，一个国家，一个民族是如此，对于人的一生，更是如此。好习惯是一个人终身的财富。

**各抒己见**

从小到大，你有什么好习惯曾让你倍受赞赏，帮助你取得小胜利或取得一些事情上的成功？跟同学们说说，让大家分享、学习一下。

　　好习惯是一个人的资本，坏习惯是一个人的负债。你有了好习惯，一辈子都有用不完的利息；你有了坏习惯，一辈子都有偿还不了的债务。

　　所谓习惯，就是经过重复练习而巩固下来的思维模式和行为方式。学习习惯，就是在不间断的学习实践中养成的那种自然而然的学习上的好习性。

　　学习习惯一旦养成，便容易保持下来，犹如物理学中的惯性力量。良好的学习习惯是一种自觉的学习行为，因而能提高学习效率。

## 各抒己见

你对以下学习习惯有什么看法?

（1）在思考问题时，一边旋笔，一边思考。

（2）在学习中遇到问题后，习惯先放一边，以后又忘了解决。

（3）考试考差了后，开始下定决心认真学习，但几天后又松懈了。

（4）自习课，边听音乐，边做作业。

### 中学生必须养成的良好学习习惯

（1）尊重与欣赏老师的习惯。

（2）自学预习的习惯。

（3）专心上课的习惯。

（4）认真观察，积极思考的习惯。

（5）善于提问的习惯。

（6）切磋琢磨的习惯。

（7）独立作业的习惯。

（8）仔细审题的习惯。

（9）练后反思的习惯。

（10）复习归纳的习惯。

诺贝尔文学奖获得者、智利诗人米斯特拉尔说："许多需要的东西我们可以等待，但是学生不能等。他的骨骼正在形成，血液正在生成，心智正在发育，对学生我们不能说明天，他的名字是今天！"

好的学习效果、好的学习成绩应从培养良好行为习惯开始，让我们从今天做起，从现在做起，从小事情做起。有好的习惯，就有好的人生。在生活和学习中培养自己一个又一个好习惯，让好习惯伴随我们终生，成为我们走向成功、走向辉煌的一级又一级五彩的阶梯！

# 第3课　学会合作，体验成功

每当秋天来临，见到雁群为躲避寒冬而朝着南方，沿途以"人"字队形飞行时，你会想到什么？

当第一只鸟展翅拍打时，会使其他的鸟立刻跟进，于是引起整个鸟群的抬升。借着"人"字队形，整个鸟群将比每只鸟单飞至少增加了71%的飞升能力。

领队鸟的压力是最大的，消耗也是最大的。当领队的野雁疲倦了，它会退到侧翼，另一只野雁则接替它飞在队形最前端。

最后而且也是重要的——当一只野雁生病了，或是因枪击而受伤脱队时，另外两只野雁就会主动脱队跟随它，帮助它并保护它。它们跟着落下的野雁一起落到地面，直到它能够再次起飞或者死掉。只有到了那时，另外两只野雁才会飞走，或跟随另一队野雁赶上它们原来的队伍。

### 想一想

野雁南飞的故事告诉我们一个什么道理呢？

合作就是两个或两个以上的个人或群体，为了实现共同的目标而共同完成某项任务。只有团结合作，互相帮助，才能够实现双赢，共享成功的快乐。当我们没有意识到我们是一个团体，没有为团体奉献出自己力量的时候，最终受损害的往往是自己的利益。明白了自己在集体中的角色和责任，并为集体付出自己的力量，才能建设和谐共赢的班集体，促进个人和集体的发展。

假如我们能团结互助，找到一位出色的领导者，每个同学都有共同的目标，并准备为这个目标各尽所能，全力配合领导的指挥，掌握合作的技巧，那么，再难的事也可以迎刃而解。

## 小游戏

### 圈起你我他

（1）每个小组的同学都手拉手、面向圆心围成圈。

（2）让其中两个同学松开拉着的手，把1个呼啦圈套在其中一个队员的胳膊上，然后开始传递这个呼啦圈，在传递的过程中，手不能松开，松开的从头开始，用最短时间完成的为优胜组。

团队的合作是靠成员之间的相互支撑、配合完成的。团队的人数再多，如果各顾各，步调不一致，相互拖后腿，那么就没有任何力量可言。相反，只有人人都为班集体贡献自己的力量，心往一处想，劲往一处使，注意方法和技巧，才能取得成功！

## 小游戏

### 众志成城

（1）首先，两个人背靠背坐在地上，互相用胳膊挽住对方的胳膊，形成手臂交叉，然后一起站起来，背部要紧贴着不能松开。

（2）两个人成功后，不断增加人数，直至全体同学组成四排，背靠背坐在地上，互相用胳膊挽住旁边同学的胳膊，形成手臂交叉，然后一起合力站起来，体验"众志成城"的感觉。

## 合作的技巧

（1）有共同的目标；

（2）有效的领导；

（3）发挥成员个性和能力；

（4）良好的沟通；

（5）计划与策略；

（6）互信互助。

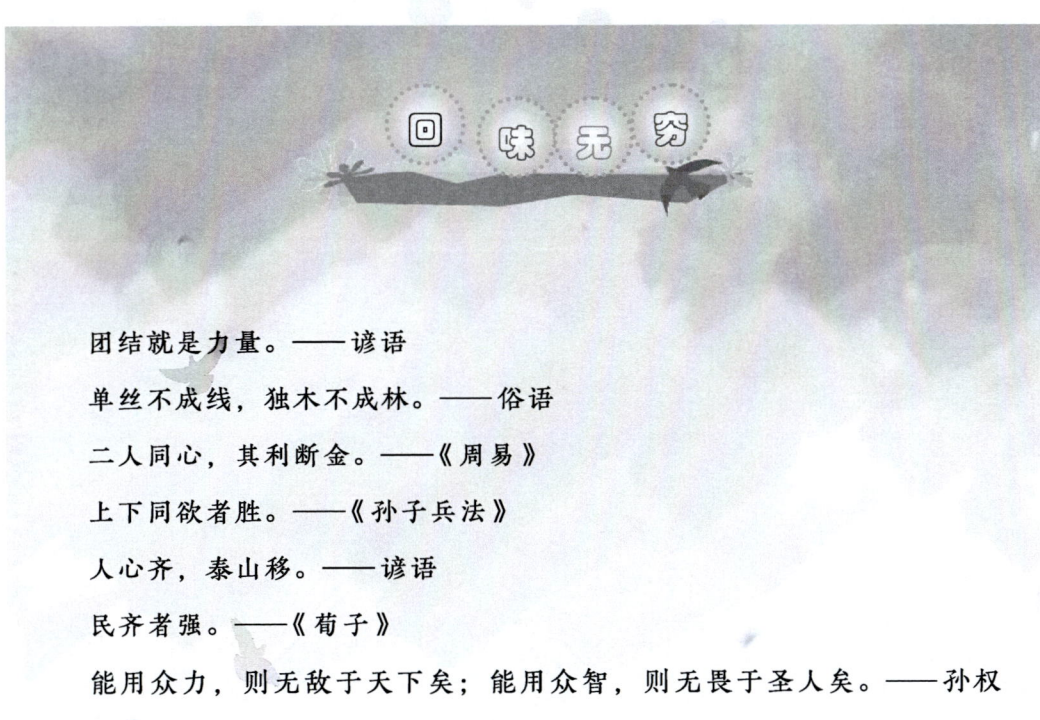

团结就是力量。——谚语

单丝不成线，独木不成林。——俗语

二人同心，其利断金。——《周易》

上下同欲者胜。——《孙子兵法》

人心齐，泰山移。——谚语

民齐者强。——《荀子》

能用众力，则无敌于天下矣；能用众智，则无畏于圣人矣。——孙权

★ **课后小作业**

请发挥集体的力量,完成下面的合作公约。

**班级合作公约**

# 第二章　生活与礼仪

# 第4课 礼仪花香满校园

"礼者,敬人也。"礼是尊重。在人际交往中,要尊重别人,更要尊重自己。

"仪"是恰到好处地向别人表示尊重的形式。仪就是表达。没有礼,就没有仪。

"礼仪"就是社交场合人际交往中的行为规范。所谓礼仪,实际上就是我们在人际交往中待人接物的标准化做法。

中国自古以来就是礼仪之邦,文明礼貌是中华民族的优良传统。作为新一代的青少年,我们更不能忘记传统,应该力争做一个讲文明、懂礼仪的好学生,让文明之花常开心中,把文明之美到处传播。

礼仪修养是现代人必需具备的基本素质之一。作为中学生,我们更有必要争做文明标兵,投身于实践中。

## 各抒己见

中国是一个有着五千年文明历史的古国,文化源远流长。作为礼仪之邦,中国历史上有很多故事至今仍深深地影响着我们。你能说出几个中国历史上有名的典故吗?

讲礼仪的意义主要体现在以下几个方面:

第一是内强素质。跟别人打交道的时候,恰到好处地展示自己的素质是非常重要的。教养体现于细节,细节展示素质。言谈话语、举止行为,其实是一个人素质和教养的外在表现。

第二是外塑形象。在与人交往中,你的形象不但取决于你的相貌衣着等"硬件",还取决于个人修养品质等"软件"。在校外,你的形象代表了你的学校,要是与外国人交往,个人形象还代表国家形象。

第三是增进交往。我们都有这样的愿望，要多交朋友，交好朋友。一个人，不管你愿意不愿意，你必然要跟别人打交道，和别人交往。既然要跟别人交往。你就要有交往的艺术。所以，学习礼仪有助于交往。

文明礼仪是一粒最有生命力的种子，它会在我们的精神世界里发芽、开花、结果，让我们把文明之花播撒到生活中！争做文明标兵——说文明话，办文明事，做文明人！

礼仪，是律己、敬人的一种行为规范，是表现对他人尊重和理解的过程和手段。它不单是个人思想道德水平、文化修养、交际能力的外在表现，同时还是社会文明程度、道德风尚和生活习俗的反映，在生活中占有重要位置。在学校里面，我们必须掌握的基本礼仪规范主要有哪些呢？

## 盘点学校十大不文明行为

（1）考试作弊；
（2）在校园内抽烟、酗酒、聚众赌博；
（3）休息时间吵闹，影响他人休息；
（4）给老师、同学起绰号；
（5）随意吐痰，乱扔果皮纸屑；
（6）课堂不文明，不尊重老师；
（7）破坏校内公共设施、设备；
（8）买饭菜时随意插队；
（9）在桌椅、图书和教室、宿舍墙上乱涂乱画；
（10）在教室等学习场所喧哗吵闹，影响他人学习。

### 校园生活礼仪

1. 校园基本礼仪

（1）真诚友爱，相互尊重

真诚友爱是一种崇高的道德情感。在平时，对同学要团结友爱，平等待人，相互尊重，遇见同学一定要打招呼。打招呼的方式很多，可以问好、点头、微笑、招手或喊一声名字等。校园里遇到来访的长辈、各级领导，要主动打招呼，在确定其身份的情况下，可以说"领导好""老师好""叔叔好""阿姨好"等；在不确定其身份时，可以统一说"老师好"。做到热情、诚恳、大方。尊重他人，首先是尊重他人人格。讥笑、辱骂、给同学起绰号，不仅伤害同学的自尊心，还侮辱了同学的人格，是很不礼貌、很不道德的行为。

其次，要尊重他人的生活习惯。每位同学的生活习惯是自幼养成的，是受家庭的教育和周围环境的影响而潜移默化的结果。尊重别人的生活习惯就等于对他人人格的尊重。

（2）善于交谈，顾全大局

交谈是同学之间交流的主要形式之一。交流可以增加同学间的了解、友谊，还能共同增长知识。同学们之间的交谈应该注意一些问题：说话态度要诚恳谦虚，语调要平和；交谈中力求语言文雅；注意场合分寸；开玩笑时应注意度；每位同学都要有集体意识。在集体生活中，要顾全大局，遵守规章制度，不可我行我素。

2．校园语言礼仪

校园语言礼仪是校园文明礼仪的重要组成部分，杜绝说脏话、骂人等语言不文明现象，是校园文明建设的重点。我们要养成习惯，经常使用礼貌用语。用语文明的最基本要求是：真诚友善，谈吐文雅，语言轻柔词语亲切音量适中，讲究语言艺术。例如，在日常生活中，我们见面应说"你好"，分手不忘说"再见"，求助要说"请"，受助要说"谢谢"，等等。

3．校园仪表礼仪

衣冠端正，举止文明，遵守纪律，生活俭朴，不佩戴首饰，是对学生的起码要求，而良好的仪表无疑是其中重要的内容。女生在日常学习、生活中，自然清新，不长发披肩，以不化妆为宜；男学生不要留长发，不要蓄须，以显得整洁、干净、富有朝气。

礼仪常识是人类为维系社会正常生活而要求大家共同遵守的最起码的道德规范。它是人们在长期共同生活和相互交往中逐渐形成，并且以风俗、习惯和传统等方式固定下来的。对一个人来说，礼仪是一个人的思想道德水平、文化修养、交际能力的外在表现。对一个社会来说，礼仪是一个国家社会文明程度、道德风尚和生活习惯的反映。

作为中学生,除了基本的校园礼仪,我们还需要养成哪些良好的社会公共礼仪呢?

## 社会公共礼仪

公共场所是指为社会公众提供服务的地方,如剧院、公园、商店、车站等。这些场所最容易显示出个人的文明礼貌程度。判断一个人究竟是知礼讲礼,还是粗俗无礼,最重要的就是观察他在公共场所的礼仪行为。

作为一名中学生,应重视公共场所礼仪,自觉遵守社会公德,维持公共秩序,以较高的礼仪水准、良好的自我形象,给全社会起到示范作用。

## 社交礼仪

社交礼仪是指人们在社会交往活动中所应具有的相互表示尊重、敬意、亲善和友好的行为规范与惯用形式。社交礼仪广泛地存在于人类活动的各个方面,与人类生活息息相关,与人类文明、社会进步紧密相连。了解和明确社交中的避讳与禁忌,对于我们加强相互间的交往与合作,增进彼此的感情和友谊,加深各方的理解与支持有重大作用。

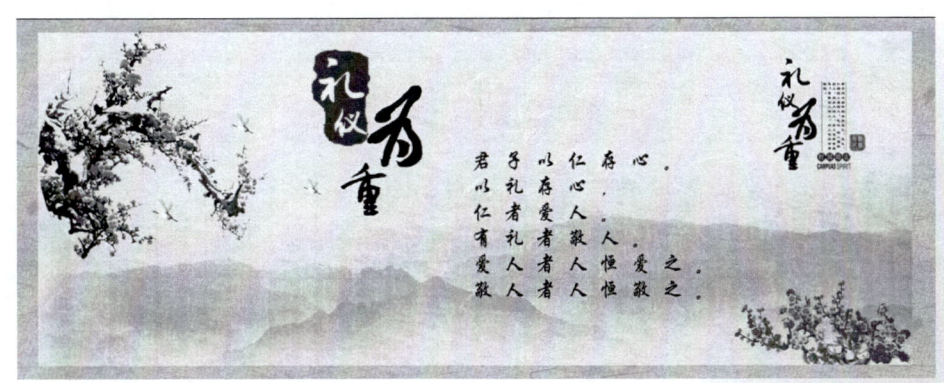

## 铭记师恩，尊师重教

"老师"原是宋元时代对地方小学教师的称谓。金代文学家元好问《示侄孙伯安》诗云："伯安入小学，颖悟非凡儿。属句有夙性，说字惊老师。"后老师成为教师的尊称，一直沿用至今。

**想一想**

你了解教师节的由来吗？

尊师重教是中华民族的优良传统。早在西周时期，姜子牙就提出了"弟子事师，敬同于父"。

教师节，就是为肯定教师为教育事业所作的贡献而设立的。1985年，第六届全国人大常委会第九次会议同意了国务院关于建立教师节的议案，会议决定将每年的9月10日定为教师节。1985年9月10日是中国第一个教师节。

尊师重教是中华民族的传统美德。在中国历史上，凡是有作为的思想家、教育家，无不重视教育，尊重教师。古人云："三教圣人，莫不有师；千古帝王，莫不有师。""不敬三师，是为忘恩，何能成道？"回顾古今先哲贤圣对尊师重教的精辟论述，应给我们深刻启示。

**各抒己见**

同学们还知道其他尊师重教的小故事吗？

富民强国，教育为本。教师受到社会的普遍尊敬，教育也才能得到重视。教育得到重视，人们才懂得努力学习。

尊重教师，重在行动。教师的辛勤劳动体现在教学上，学生虚心学习，认真听好老

师的每堂课，取得良好的学习成绩，这是对老师最大的尊重。

## 读一读

远在北宋时期，福建将东县有个叫杨时的进士。他特别喜好钻研学问，到处寻师访友，曾就学于洛阳著名学者程颢门下。程颢后来又将杨时推荐到其弟程颐门下，在洛阳伊川所建的伊川书院中求学。

杨时那时已四十多岁，学问也相当高，但他仍谦虚谨慎，不骄不躁，尊师敬友。

一天，杨时同一起学习的游酢向程颐请教学问，却不巧赶上老师正在屋中打盹儿。杨时便劝告游酢不要惊醒老师，于是两人静立门口，等老师醒来。一会儿，天飘起鹅毛大雪，越下越急，杨时和游酢却还立在雪中，游酢实在冻得受不了，几次想叫醒程颐，都被杨时阻拦住了。直到程颐一觉醒来，才赫然发现门外的两个雪人！程颐深受感动，从此更加尽心尽力地教杨时。杨时不负重望，尽得老师真传。之后，杨时回到南方传播程氏理学，且形成独家学派，世称"龟山先生"。

后人便用"程门立雪"这个典故，来赞扬那些求学师门，诚心专志，尊师重道的学子。

## 想一想

我们要怎样做到尊师重教？

古人曰："一日为师，终身为父。"教师是太阳底下最光辉的职业。人们都说老师像蜡烛，燃烧自己，照亮别人。的确如此，老师是文化的传播者，带领我们在知识的海洋中遨游；老师是我们成长的领路人，教导我们如何做人、处事；老师是我们的朋友，尊重、理解、关心我们的成长；老师是我们的榜样，言传身教，使我们终身受益。

生活中的尊师小礼仪：

（1）进出校门及上下楼梯给老师让行。

（2）进办公室要喊"报告"，听到"请进"后方可进入；问老师要用"请问"。

（3）指出老师的错处要有礼貌。

（4）虚心听取老师的教诲，接受师长的教育。

（5）对老师说实话、真话，不欺骗老师。

（6）珍惜老师的劳动成果，按时完成老师布置的各项任务。

（7）服从老师管理，不顶撞老师。

（8）在校园里遇见老师，要主动停下，微微鞠躬问好。遇见两个以上的老师，道"老师们好"；排队在行进中遇见老师，由领队带领全体同学道"老师好"。分别时要说"再见"。

（9）与老师交谈时，要起立并主动给老师让坐。

（10）老师在办事或与别人在交谈时，不可随意打扰老师，躬身站立一侧，等老师办完事或谈完话后再找老师。

（11）老师进入学生宿舍，学生主动站起问好让坐；老师离开时起身送出。

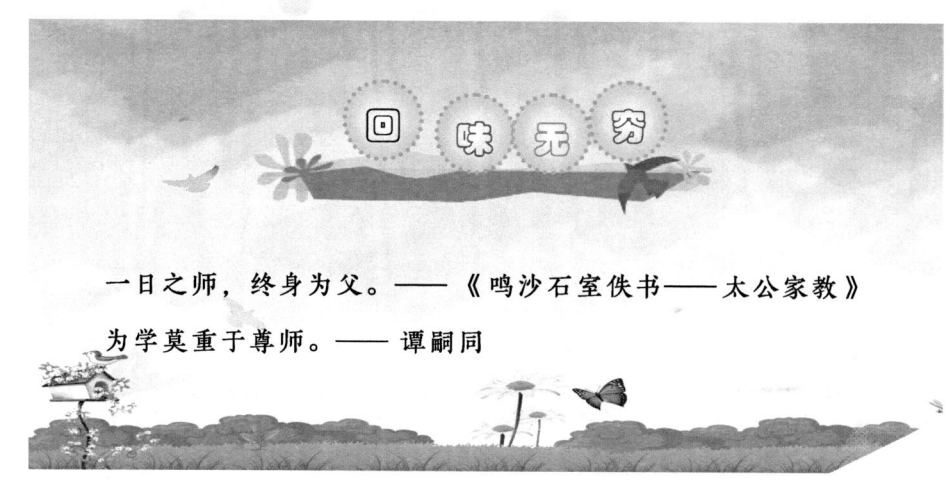

一日之师，终身为父。——《鸣沙石室佚书——太公家教》

为学莫重于尊师。——谭嗣同

学生进入老师的办公室应做到以下几点：

（1）学生不要唐突造访。作为学生，随便出入教师办公室是很不礼貌的行为。唐突造访，冒失进入，不但影响自己要找的老师，也会影响其他老师。

（2）进入老师办公室，必须先敲门后喊"报告"，征得老师同意后，方可进去。

（3）不能随便乱翻东西。乱翻老师的东西，是对老师的不尊重、不礼貌，是非常不道德的行为，也是影响教学的行为。因为，老师的办公桌上或抽屉里放满了教科书、参考书、备课本、作业本、考试卷等，被翻乱后，教学工作就会受到影响。再说，老师的抽屉里有一些东西是保密的，如未启用的试卷、不公开的学生成绩表、日记本、信件、钱包等。把东西翻乱、丢失或试卷泄密都会造成不良的后果。

（4）不要停留太久。老师每天既要钻研教材、备课，又要批改作业、试卷，还要和其他教师交流教学经验。老师每天的工作安排通常都是紧凑的、有计划的。如果我们在办公室里停留太久，就会打乱影响老师的工作安排。因此，每个同学都要尽量减少在教师办公室中逗留的时间，更不要因一丁点儿小事、琐事而麻烦老师。这样做无疑是对老师的关心和体谅。

（5）轻声轻语，保持安静。在教师办公室里说话要小声，出入注意不要发出声响，尽量不影响其他老师的正常工作。

### 各抒己见

有人说师徒如父子，在老师的办公室就像在自己的家里一样，随便点没什么。

你同意这样的观点吗？为什么？

# 第5课　感恩父母，生命的基点

"百善孝为先。"孝敬父母自古以来就是中华民族的传统美德。父母给予了我们生命，每一个人都是在父母悉心关怀、百般呵护和辛苦抚养下慢慢长大的。

父爱如山，深沉而又充满力量。母爱似海，宽广而又包容一切。父亲的手牵我们走过坎坷、挫折、悲伤、快乐跟喜悦，让我们懂得了什么是生活。母亲的手带我们穿过草地、森林、阳光、风雨和彩虹，让我们明白了什么是美丽。父亲的眼神传达的是坚强、毅力跟战胜一切的力量。母亲的眼神带来的是温暖、安慰和面对困难的勇气。

## 小任务

任务一：爱的天平。把父母为你做的事和你为父母做的事列举出来，作为砝码放在天平的两端，看看你的天平是否倾斜得太厉害？

任务二：请创建一个表格，把你在家里最经常对父母说的话和父母经常对你说的话分别写下来。

## 读一读

唐山大地震中,一对母子被埋在废墟之下整整8天。当救援人员发现他们时,七八个月大的孩子安然无恙,而母亲却永远地的离开了人间。在那阴冷、没有水、没有食物的环境中,是母亲用乳汁延续着孩子的生命,乳汁吸干了,她用力咬破手指,让孩子吸吮自己的鲜血,直到最后一丝生命流逝,直到人们发现了那用慈母之心创造的奇迹。

## 各抒己见

读完上面这个小故事,你有什么样的感受?应该如何感恩父母?

你对父母了解多少?下面的问题你都能回答出来吗?
你父母的生日分别是_____。
你父母的年龄分别是_____。
你父母的体重分别是_____。
你父母的身高分别是_____。
你父母分别穿_____码鞋。
你父母最喜欢的颜色是_____。
你父母最爱吃的菜是_____。
你父母什么时候有了白发、有了皱纹?
你知道父亲节和母亲节是哪一天吗?

## 游子吟

（唐）孟郊

慈母手中线，游子身上衣。
临行密密缝，意恐迟迟归。
谁言寸草心，报得三春晖？

## 读一读

东汉时有一少年名叫陈蕃，自命不凡，一心只想干大事业。一天，其友薛勤来访，见他独居的院内龌龊不堪，便对他说："孺子何不洒扫以待宾客？"他答道"大丈夫处世，当扫天下，安事一屋？"薛勤当即反问道："一屋不扫，何以扫天下？"陈蕃无言以对。

"一屋不扫，何以扫天下"充分体现了"扫天下"与"扫一屋"的哲学关系，说明了任何大事都是由小事积累而成的道理。"莫以善小而不为"，善再小，也只有不断积累，才能成德。

中国道家创始人老子有句名言："天下难事，必作于易；天下大事，必作于细。"意思是：天下的难事必定从容易的做起，做大事必须从小事开始。

**想一想**

"一屋不扫,何以扫天下"的故事告诉我们一个什么道理?

在日常生活中,你做了哪些小事?

## 从日常小事做起

在家里:　　　　　　　　　在学校里:

(1)　　　　　　　　　　　(1)

(2)　　　　　　　　　　　(2)

(3)　　　　　　　　　　　(3)

(4)　　　　　　　　　　　(4)

(5)　　　　　　　　　　　(5)

(6)　　　　　　　　　　　(6)

　　凡事从小事做起,做精、做实,才能做强、做大。"海不择细流,固能成其大;山不拒细壤,方能就其高。"我们只有从身边每一件小事做起,才能成就大事,从而获得成功。

　　"不积跬步",无以至千里;不积小流,无以成江海。一个人有远大志向是不错的,但他不可能一步登天,必须一步步地走,才能为将来的成功做好铺垫。愿我们做好每一件小事,走好每一步路,最后到达光辉的顶峰!

## 各抒己见

说说你所了解的家庭礼仪。

我国传统的家庭道德标准是：人际和睦，勤俭持家，艰苦朴素，讲究礼仪。古人云："父子和而家不败，兄弟和而家不分，乡党和而争讼息，夫妇和而家道兴。"可见，"和"（相互谦恭有礼）是如此重要。那么，在家庭里需要注意哪些基本的礼仪规范呢？

### 长辈与晚辈

孝敬父母，尊敬长辈，是做人的本分，是天经地义的美德，也是各种礼仪形成的前提，因而历来受到人们的称赞。孝敬父母要从以下几方面做起：

（1）主动关心问候，听从父母教诲。向父母、长辈问候致意。按时间、场合、节庆不同，采用不同的问候。

（2）理解、照顾长辈，注意行事态度。对父母孝顺体贴，和父母说话要言辞温婉。不顶撞父母，遇事与父母商量。

（3）分担父母忧虑，不给父母添乱。体谅长辈的艰辛，在父母生病或有困难时，尽力去关心照顾父母、协助父母。

### 待客与做客

在家庭礼仪中，我们不仅要和自家的亲人相处好，注意礼仪，还要有社交。其中，迎来送往有很多学问。那么，我们该如何当好主人和客人呢？

1．家庭待客礼仪

（1）有人敲门，应回答"请进"，或到门口相迎。客人进来，应起立热情迎接，并为客人安排座位，可用茶水、糖果等招待。

（2）若是你的朋友初次来访，要向父母介绍，并把自己的父母也介绍给你的朋友。若是长辈来访，敬茶须用双手端送，放在客人右边。

（3）客人来时，如自己恰巧有事不能相陪，要先打招呼，致以歉意，并请家属相陪。

2．外出做客礼仪

（1）去亲友家做客，首先要仪表整洁，尽可能带些小礼品，以表示对主人的尊重。

（2）要掌握并且确定好具体时间，如约而至。切记客随主便，以不干扰主人的生活与休息为原则，避免做不速之客。

（3）进门前，应先按门铃或敲门。未经允许，切勿推门而入。作客时，要彬彬有礼，举止稳重，尊重主人的规矩和生活习惯。

## 就餐礼仪

（1）吃饭前应该先洗手，洗完手后，要帮助家长摆放碗筷。

（2）不要抢座位，要等长辈、客人坐好之后，才可以入座。

（3）不要把筷子含在嘴里，不要用筷子指点他人，不要用筷子敲击盘子、碗等物品。喝汤的时候，把筷子放下，然后再拿调羹。不要用筷子在食物里搅来搅去。

（4）就餐的时候，看到自己想吃但是够不着的食物，可以请别人帮自己夹一些在碗里。

（5）慢慢地咀嚼食物，不要狼吞虎咽。

（6）如果中途需要离开餐桌，必须和桌上的其他人打招呼。

（7）要感谢为自己做饭的人，不能因为自己的心情和口味嫌弃食物，要尊重别人的劳动。

（8）吃完饭，应该把筷子整齐地放在自己碗的正中央，而不是把筷子随意放在桌上。

（9）如果比长辈先吃完饭，要对还在用餐的长辈说："我吃完了，你们慢慢吃。"然后离桌，去洗手、漱口和擦嘴。

★ **课后小作业**

1. 请你周末回家帮爸妈洗一次脚。

2. 请通过书籍、网络了解乌鸦反哺、羔羊跪乳的故事，并写一篇读后感。

# 第三章　生活与责任

# 第6课　千里之行，始于做人

　　人是社会的一员。就像鱼儿离不开水，小鸟离不开天空一样，人总是需要在与社会的互动中实现价值。人的自我意识并不是自然成熟的，而是通过交往，在与别人的相互作用中逐渐成熟起来的。首先，人以他人为镜，在与别人的比较中认识自己。其次，人通过他人对自己的态度和评价，以及自己与他人的关系来认识自己的形象。人际交往范围越大，接触的人越多，也就越能了解更多人的品行。人生的许多经验，就是在人际交往过程中积累和丰富起来的。中学生正处在一个探索人生、认知社会、掌握学业知识的阶段。学习一些人际交往的礼仪及技巧非常必要。

　　有人说："活到老，学到老。""学"什么？

　　古语云："修身、齐家、治国、平天下。"这里蕴含了一个循序渐进的发展过程。何谓修身？因为德是立身之本，所以修身者不能不修德。把握了修身的根本，才能律己端严、见贤思齐，不断朝着成功的方向健康成长。最后若能德信卓著、才干超群，方能达修身立命的境界。

　　简单来说，我们中学生可以做到的就是做人、做事、做学问。

　　学会了做人，才真正懂得做事。当一个人不懂得尊重别人时，他就会做出下图这些行为。

学会了做人,才能真正懂得做事。当一个人不懂道德为何物时,他会做出下图这些行为。

你见过这样的现象吗?
某同学早读迟到不断,上课铃响还在吃早餐。
某同学将手机、MP3等带到学校。
某同学习惯了在上课或晚自修的时候讲话。
某同学喜欢在室内或楼道大声闲聊,甚至追逐打闹。
某同学总喜欢晚上11:00后在宿舍说话聊天,影响他人休息。
……

### 各抒己见

某同学身上有你的影子吗?你觉得这样的行为对吗?你觉得学校的各项规章制度是对你的束缚吗?以后你应该怎么做呢?

放眼古今,凡成就大学问的人,无不具备高尚的人格和严谨的自我塑造意识。你生活中的点滴影响你的学习习惯,影响你为人处事的风格。千里之堤,溃于蚁穴。莫让对细节的不在意成为你走向成功的绊脚石。厚德载物,我们应在做人方面不断自我完善,精益求精。千里之行,始于做人。

## 回味无穷

　　一个水桶无论有多高,它盛水的高度永远取决于其中最低的那块木板。木桶效应告诉我们,一个人的品格如何,不取决于你最优秀的方面,而取决于日常被你忽略的那些方面。这就是"木桶效应"。

# 第7课 责任与生命同行

对于教师而言，责任就是锲而不舍地教育学生；对于学生而言，责任就是全身心地投入学习；对于园丁而言，责任就是让花草生长得更好；对于侍者而言，责任就是为顾客送上优质的服务；对于医生而言，责任就是治疗病人。责任无处不在，责任就是做好你应做的事。

## 对自己负责

对自己人生的责任心是其余一切责任心的根源。一个人唯有对自己的人生负责，建立了真正属于自己的人生目标和生活信念，他才可能由之出发，自觉地选择和承担起对他人和社会的责任。

"莫等闲，白了少年头，空悲切。"一个人既然来到这个世界，就应该在合理的范围内，让自己好好地生存下去，并获得发展。碰到任何困难，都应当不断地激励自己，勇往直前，坚持到底。这就是对自己负责。

**想一想**

图中两名同学的行为对不对？
是不是对自己负责任的行为？
如果是你，你会怎么做？

## 对集体负责

传统的主人翁精神的含义是强调每个人的集体属性，强调每个人在做事的时候，要把集体利益摆在首位，不要忘记自己是集体中的一员。因此，在一个班级里，我们要发扬主人翁精神，要热爱集体，要把集体的事当作自己的事，只有每个人都为集体的发展贡献自己的力量，只有把个人的发展融入集体的发展之中，个人才变成集体的真正主人。

北京奥运会中美篮球之战后，姚明说："我们全队进场的时候，我们把手放在一起，把自己交给这支球队，同时也把这支球队扛在自己肩上，我们所有的人都在为这个球队努力。"正是全体队员的共同努力，才创造了中美交战历史上的最小分差。

## 各抒己见

说说我们班里在那些方面表现得较有责任心，哪些方面还做得很不够，需要改进的。也说说我们班的哪些同学具有较强的责任心？哪些方面值得我们学习？

责任是金。俗话说："是金子总会发光。"一个人有了责任心，他的生命就会发光。人人都追求美，追求外表的华丽、漂亮，却忘掉了心灵美才是真正的美。

一个人有了责任心，就拥有了至高无上的灵魂；

一个人有了责任心，在别人心中就如同一座有高度的山，不可逾越，不可移动，责任心是社会的风帆，责任心是前进的动力。社会没有了责任，会死气沉沉；世界没有了责任，会杂乱无章。

## 读一读

大连一名公交车司机黄志全，行车途中突发心脏病。在生命的最后一分钟，他做了三件事：把车缓缓地停在马路边，并用生命的最后力气拉下了手动刹车闸；把车门打开，让乘客安全地下了车；将发动机熄火，确保了车、乘客和行人的安全。他做完了这三件事，安详地趴在方向盘上停止了呼吸。

在生命中的最后一分钟，黄志全这个平凡而普通的公交车驾驶员，把自己的责任看得比自己的生命更重要。就是这份责任心，值得我们所有人学习。

## 珍爱生命，关注安全

"自然灾害"是自然界中所发生的异常现象，自然灾害对人类社会所造成的危害往往是触目惊心的。常见的自然灾害有地震、火山爆发、泥石流、海啸、台风、洪涝等突发性灾害。而我国自然灾害以地震、洪涝、台风灾害为主。

### （一）地震的防范及自救

地震是地球上主要的自然灾害之一。通常来讲，里氏 5 级以上的地震就有可能造成人员伤亡。下图反映的分别是 1976 年唐山大地震和 2008 年汶川大地震。

地震的防范及自救避震要诀：

由于地震波引起的地面运动有一个由弱到强的过程，房屋受力后的破坏也有一个由小到大、由晃到倒的过程。时间虽然短暂，但采取合理的避震方法，安全脱险的成功率会大大增加。所以，平时做好防震应急准备，掌握地震基本常识和防震避震的科学方法，震时就有生存的希望。

学校避震

（1）在操场或室外时，可原地不动蹲下，双手保护头部，注意避开高大建筑物或危险物。

（2）不要回到教室去。

（3）震后应当有组织地撤离。

（4）千万不要跳楼!不要站在窗外! 不要到阳台上去!

地震时如被埋压在废墟下，周围又是一片漆黑，只有极小的空间，你一定不要惊慌，要沉着，树立生存的信心，相信会有人来救你，要千方百计保护自己。

家庭避震

（1）抓紧时间紧急避险。如果感觉晃动很轻，说明震源比较远，只需躲在坚实的家具旁边就可以。大地震从开始到振动过程结束，时间不过十几秒到几十秒，因此抓紧时间进行避震最为关键，不要耽误时间。

（2）选择合适避震空间。室内较安全的避震空间有：承重墙墙根、墙角；有水管和暖气管道等处。屋内最不利避震的场所是：没有支撑的床上；吊顶、吊灯下；周围无支撑的地板上；玻璃(包括镜子)和大窗户旁。

（3）做好自我保护。首先要镇静，选择好躲避处后应蹲下或坐下，脸朝下，额头枕在两臂上；或抓住桌腿等身边牢固的物体，以免震时摔倒或因身体失控移位而受伤；保护头颈部，低头，用手护住头部或后颈；保护眼睛，低头、闭眼，以防异物伤害；保护口、鼻，有可能时，可用湿毛巾捂住口、鼻，以防灰土、毒气。

身体应采取的姿势：

（1）伏而待定，蹲下或坐下，尽量蜷曲身体，降低身体重心。

（2）抓住桌腿等牢固的物体。

（3）保护头颈、眼睛，掩住口鼻。

（4）避开人流，不要乱挤乱拥，不要随便点明火，因为空气中可能有易燃易爆气体。

## （二）洪水的防范及应急措施

水灾泛指洪水泛滥、暴雨积水和土壤水分过多对人类社会造成的灾害。一般所指的水灾以洪涝灾害为主。

2013年，四川暴雨及都江堰山体滑坡，造成重大伤亡灾害。至7月10日16时统计，此次暴雨洪涝灾害已造成14个市州的64个县不同程度受灾，受灾人数达145.3万人，死亡18人，失踪62人，紧急转移安置11万人，农作物受灾面积7.1万公顷，农房倒塌886户、2293间，农房严重损坏1338户、3995间，直接经济损失53.7亿元。

洪水来临时，以下地点比较危险：

（1）危房里及危房周围；

（2）危墙及高墙旁；
（3）洪水淹没的下水道；
（4）马路两边的下水井及窨井；
（5）电线杆及高压线塔周围。

洪水来临时的应急措施：

（1）尽量逃向高处，登上坚固建筑的屋顶、大树、山丘和高坡等。

（2）借助家中的木制家具或尽可能抓住木板、树干等漂浮物，尽量不让身体下沉，等待救援。

（3）警惕和防止被毒蛇、毒虫咬伤以及被倒塌电线杆上的电线电击。

我们在遇见自然灾害的时候，首先不要慌张，要保持冷静。平时应该多了解一些这方面的知识，以便在遇到自然灾害时尽可能地保证自己和身边人的安全。生命有时候很脆弱，但在有时候也是很坚强的。我们要有坚强的意志，保护好自己的同时，也要努力营救其他生命。

### （三）沿海居民防范台风措施

（1）台风来临前，海涂养殖人员、水库下游的人员、临时工棚等危险地段的人员都应及时转移。

（2）沿海乡镇在台风来临前，要加固各类危旧住房、厂房、工棚、临时建筑、在建工程、市政公用设施（如路灯等）、吊机、施工电梯、脚手架、电线杆、树木、广告牌、铁塔等。千万不要在以上地方躲风避雨。

（3）台风来临时，千万不要在河、湖、海堤或桥上行走，不要在强风影响区域开车。

（4）台风带来的暴雨容易引发洪水、山体滑坡、泥石流等灾害，发现危险征兆应及早转移。

# 第四章　生活与法律

# 第8课　生活离不开法律

没有规矩、没有规则的社会是不可想象的。有了法律的保驾护航，我们生活的社会和环境才有保障，才能安全稳定和谐。所以我们需要法律，我们的生活离不开法律。青少年也必须学法、懂法、守法、用法，才能更好地遵守法律，用法律来保护自己的合法权益，远离违法犯罪。

我们的生活处处都有规则的存在，我们的一举一动都受到规则的制约。如：上车人多的时候要排队；走在路上要遵守交通规则，红灯停，绿灯行；买卖东西要遵循诚信的规则，等等。正是因为大家自觉遵守规则，我们的社会生活才有了秩序，各项工作才能有条不紊地进行。

## 讲规矩　守规则

生活中，好无聊，太多太多的"规矩"，实在使我"烦恼"。不信你看：

早晨上学带校卡，晚上按时要回家。
见了老师有礼貌，上课不能有迟到。
课上不让睡会觉，课下不让胡乱跑。
阅览室不能高声叫，考场严禁带小抄。
买饭必须要排队，打架斗殴更不许。
说话还要讲文明，办事还要讲诚信。
在家还要听父母，走路还看红绿灯。
一旦触犯国之法，失足便酿千古恨。
各种"规矩"数不清，使我天天不开心。

如果社会生活没有了规则会怎样？

**想一想**

上面两个场景你见过吗？你赞同吗？在学习生活中，你有过哪些不遵守规则的行为？打算如何改正？

世界上没有绝对的自由。没有了规则和秩序的社会是无法想象的，最终将导致丛林法则。心中有规则，我们才会享有真正的自由。

## 生活离不开法律

## 各抒己见

如果你是小明，面对小华的抱怨，你会怎么说？

正常的社会生活秩序不仅需要各种纪律、守则和道德规范，更需要一种强制性规则——法律的保障。

### 法律的作用

1．法律为生活制定规矩

法律通过规定权利和义务，规范全体社会成员的行为。它规定人们可以做什么，不可以做什么；应当做什么，不应当做什么。大到国家的性质、名称，小到每个人的衣食住行都由相关的法律来规定。如果人们违反了法律，就会受到制裁和处理。法律既为人们的言行提供一个模式、一个标准或方向，又是评价人们的行为是否合法的有效准绳。

2．法律具有保护作用

日常生活离不开法律，法律是我们生活的"卫士"；国家的治理离不开法律，法律是国家生活的保障。法律通过解决纠纷、协调关系和制裁违法犯罪，维护人们的合法权益。我们享受权益，需要法律的保护。

我们每个人都是社会的一员，每个人的行为都不可能是随心所欲的。如果不对人的行为加以约束，那将会给别人、给社会，最终给自己带来不利，造成危害。所以，有规矩、懂规矩、守规矩十分重要，没有行为规则是不行的。法律是一种特殊的行为规范，生活需要各种规则，更需要法律的规范和保护。我们的生活离不开法律，学法、懂法、用法、爱法、护法是我们应尽的责任和义务。

## 案例再现

刘某年仅十五周岁,原是某市某中学的学生,在一次偶然的情况下进网吧玩了一下,觉得挺好玩,以后就经常到网吧玩,逐渐沉迷于玩上网和打游戏。但父母不给钱,怎么办呢?他想到向同学下手。

一天,他在学校操场玩时,看见同学方某,就走上前要方某给他钱,并威胁方某说,你以前跟别人打过架,被打的人叫我来拿医药费。我认识许多社会上的人,不给钱就叫人来打死你。方某很怕,将自己身上仅有的五元钱给了刘某。之后,刘某又陆续向方某要了三次,共计六十余元。其中有一次,刘某逼方某带自己到方某父亲那儿骗借了三十元。

最后一次,被告人刘某逼方某拿五十元,方某不给。刘某便将方某带到一偏僻地方,用玻璃刮方某手掌,用烟头烫方某,并要求方某第二天中午把钱交到自己手中。在这种情况下,方某才将一切告诉了父亲。方某父亲马上到公安机关报案,并配合公安人员将刘某抓获归案。刘某在接受审判时说道:"我以为只是敲点同学的钱好玩,不知道会有这么严重的后果。" 最终,刘某被判处有期徒刑两年零六个月。

## 各抒己见

上述案例体现了法律的什么作用?

联系实际或结合自己的所见所闻,讨论法律在我们的学习和日常生活中的作用。

当今我们的家庭生活、学校生活,以及社会生活的方方面面都离不开法。我们身边的许多问题都要依法解决。所以,一个合格的公民必须是一个知法、懂法,且要守法的公民。

中国有句老话:"不以规矩,无以成方圆。"这规矩是什么呢?这规矩就是规章制度,这规矩就是法律、法规。知法、守法是青少年学生健康成长的需要。我们青少年学生不仅要有坚定正确的政治方向、高尚的道德情操和现代科学文化知识,也要有法律知识和守法观念，自觉依法办事。这样才能抵制各种不良影响，促进自己健康成长。

## 案例再现

在"五一"小长假中，刘某随爸爸妈妈来到了湖南岳阳的姑妈家。姑妈带他们游览了江南三大名楼之一——岳阳楼。刘某高兴得不得了。当他们走到岳阳楼前的三醉亭时，刘某用随身带的水果刀刻下了"刘某到此一游"几个大字，想想还不过瘾，又刻下了自己的学校名称。刘某回到学校后，向周围的同学炫耀说，自己"五一"游览岳阳楼很值得，因为他在岳阳楼三醉亭的柱子上刻下了自己的名字和学校的名称。有的同学听了还露出羡慕的眼神。过了几天，刘强收到了一封岳阳楼管理委员会寄来的信，他打开一看，是罚款通知单。刘某很不服气，把信交给了老师。老师告诉他和同学们："岳阳楼是国家文物，受法律保护，我们每个公民都有义务保护这些文物，在文物上乱刻乱画是要受到处罚的。"

《中华人民共和国刑法》第三百二十四条规定：故意损毁国家保护的珍贵文物或者被确定为全国重点文物保护单位、省级文物保护单位的文物的，处三年以下有期徒刑或者拘役，并处或者单处罚金；情节严重的，处三年以上十年以下有期徒刑，并处罚金。

故意损毁国家保护的名胜古迹，情节严重的，处五年以下有期徒刑或者拘役，并处或者单处罚金。

过失损毁国家保护的珍贵文物或者被确定为全国重点文物保护单位、省级文物保护单位的文物，造成严重后果的，处三年以下有期徒刑或者拘役。

根据《中华人民共和国文物保护法》第三十条，有下列行为之一的，将给予处罚：

刻画、涂污或者损坏国家保护文物尚不严重的，或者损毁依照本法第九条规定设立的文物保护单位标志的，由公安部门或者文物所在单位处以罚款或者责令赔偿损失。

## 案例再现

刘某与王某，一个18岁，一个17岁。一天下午，二人在铁路边玩，王某提出往铁道上摆放石头，看火车能不能压碎。刘某应允，二人在两股钢轨的轨面上摆放了路基石29块。此举导致列车脱轨，造成直接经济损失18万余元。

铁路运输检察院以刘某、王某犯破坏交通设施罪，向铁路运输法院提起公诉。二被告人对犯罪事实供认不讳。刘某的辩护人提出刘某是过失犯罪，并且在本案中起次要作用；王某的辩护人提出王某系未成年人，应对其从轻处罚。

因案发后二被告人能如实交待犯罪事实，认罪态度好，法院依法在不公开审理后判决：被告人刘某犯破坏交通设施罪，判处有期徒刑10年；被告人王某犯破坏交通设施罪，判处有期徒刑9年。宣判后，二被告人服判，未提出上诉。

该案被告人涉嫌的罪名是破坏交通设施罪。根据《中华人民共和国刑法》第一百一十七条，破坏交通设施罪，即破坏轨道、桥梁、隧道、公路、机场、航道、灯塔、标识或进行其他破坏活动，足以使火车、汽车、电车、船只、航空器发生倾覆、毁坏危险，尚未造成严重后果的，处三年以上十年以下有期徒刑。第一百一十九条规定，破坏交通工具、交通设施、电力设备、燃气设备、易燃易爆设备，造成严重后果的，处十年以上有期徒刑、无期徒刑或者死刑。

该案两个被告人在钢轨上摆上石头，虽然只是为了"看火车能不能压碎"石头而没有破坏火车和使通过的火车倾覆、脱轨的直接目的，但对于在铁轨上摆放石头可能会导致列车脱轨或倾覆的严重后果是明知的，仍然继续实施这种危害交通运输安全的行为，放任其已经认识到的严重后果的发生，造成火车脱轨的事实，造成经济损失18万余元。因此，对二被告人应当以破坏交通设施罪定罪处罚。刘某的辩护人提出刘某是过失犯罪的辩护意见不成立，未被法庭采纳；王某的辩护人提出王某系未成年人犯罪，应对其从轻处罚则是成立的。

# 第9课　知法、懂法，明辨是非

宪法是国家的根本大法，它集中反映了各种政治力量的实际对比关系，规定了国家的根本任务和根本制度，即社会制度、国家制度的原则和国家政权的组织以及公民的基本权利、义务等内容。宪法具有最高的法律效力。

## 读一读

### 《中华人民共和国宪法》的构成

序言

第一章　总纲

第二章　公民的基本权利和义务

第三章　国家机构

第一节　全国人民代表大会

第二节　中华人民共和国主席

第三节　国务院

第四节　中央军事委员会

第五节　地方各级人民代表大会和地方各级人民政府

第六节　民族自治地方的自治机关

第七节　人民法院和人民检察院

第四章　国旗、国歌、国徽、首都

宪法规定国家生活中的根本问题，如国家性质、根本制度、根本任务等，还规定了我国人民代表大会制度、国家的基本经济制度、公民的基本权利和义务、国家机关的组织与职权、国家标志等根本问题。

宪法规定的内容是全局性、根本性的问题，是国家立法活动的基础。宪法是其他法律的立法基础和立法依据；普通法根据宪法而制定，是宪法的具体化。宪法具有最高的法律效力，普通法不能与宪法相违背，否则无效。宪法是一切组织和个人的根本活动准则。

## 读一读

（1）《中华人民共和国义务教育法》第一条规定：为了保障适龄儿童、少年接受义务教育的权利，保证义务教育的实施，提高全民族素质，根据宪法和教育法，制定本法。

（2）《中华人民共和国未成年人保护法》第一条规定：为了保护未成年人的身心健康，保障未成年人的合法权益，促进未成年人在品德、智力、体质等方面全面发展，培养有理想、有道德、有文化、有纪律的社会主义建设者和接班人，根据宪法，制定本法。

（3）《中华人民共和国体育法》第一条规定：为了发展体育事业，增强人民体质，提高体育运动水平，促进社会主义物质文明和精神文明建设，根据宪法，制定本法。

同普通法律相比，宪法制定和修改的程序更为严格。

宪法的制定与修改只能由全国人民代表大会进行，宪法的制定要经过起草、讨论、修改、审议通过等程序，目的是保障宪法的权威性和稳定性，使国家长治久安，使社会健康发展。

表1  宪法和普通法的区别

| 制定 | 宪法：由国家成立专门委员会起草，提交全国人民代表大会通过<br>普通法律：由全国人大或其常委会制定 |
|---|---|
| 修改 | 宪法：全国人大常委会或五分之一以上的全国人大代表提出议案，并由全国人大以全体代表的三分之二以上的多数（绝对多数）通过<br>普通法律：全国人大主席团、30名以上的全国人大代表就可以提出法律修正案，由全国人大全体代表的过半数（相对多数）通过 |

所以说，宪法是国家的根本大法，具有最高的法律效力，任何法律都不能违背它，是法律中的法律。从一定意义上讲，依法治国就是依宪治国！

### 各抒己见

马克思说："宪法是法律的法律。"你是怎么理解这句话的？

知识拓展

**和未成年人有关的法律知识**

### （一）什么是"未成年人"？

"未成年人"是指未达到法定成年年龄的公民。各国法律对成年年龄的规定不同。我国的法定成年年龄为十八周岁，因此在我国，未成年人就是指十八周岁以下的公民。根据《中华人民共和国民法通则》第十一条规定："十八周岁以上的公民是成年人，具有完全民事行为能力，可以独立进行民事活动，是完全民事行为能力人。"《中华人民共和国未成年人保护法》第二条规定："本法所称未成年人是指未满十八周岁的公民。"可见，从刚出生的婴儿到十八周岁以内的任何一个年龄层的公民，不论其性别、民族、家庭出身、文化程度如何，都属于未成年人的范围。

### （二）未成年人有哪些权利？

未成年人作为公民群体的一部分，所享有的权利是相当广泛的。具体来说，在我国，未成年人的权利主要包括八个方面的内容：第一，政治权利；第二，人身权利；第三，受教育权利；第四，个人财产所有权；第五，继承权；第六，社会经济权；第七，诉讼权；第八，其他权利。

### （三）未成年人应承担的义务有哪些？

维护国家统一和民族团结的义务；遵守宪法和法律，保守国家秘密，爱护公共财产；遵守劳动纪律，遵守公共秩序，尊重社会公德的义务；维护国家安全、荣誉和利益的义务；保卫祖国，依法服兵役的义务；依法纳税的义务；受教育的义务。

### （四）什么是违法行为？

违法行为是指违反国家现行法律规定、危害法律所保护的社会关系的行为，亦称"非法行为"。

### （五）什么是犯罪？犯罪的特征是什么？

《中华人民共和国刑法》规定，一切危害国家主权、领土完整和安全，分裂国家、颠覆人民民主专政和推翻社会主义制度，破坏社会秩序和经济秩序，侵犯国有财产或者劳动群众集体所有的财产，侵犯公民私人所有的财产，侵犯公民的人身权利、民主权利和其他权利，以及其他危害社会的行为，依照法律应当受刑罚处罚的，都是犯罪。

犯罪具有三个基本特征：① 犯罪是危害社会的行为；② 犯罪是触犯刑法的行为；③ 犯罪是应受刑罚处罚的行为。

### （六）违法和犯罪有什么联系和区别？

违法行为分为一般违法行为和严重违法行为。犯罪是严重违法行为。犯罪一定是违法行为，但违法不一定就是犯罪。

### 学一学

请同学们从以上六部法律中自由选一部认真学习,下节课在课堂上进行交流。

# 第 10 课 增强法律意识，远离违法犯罪

当今世界，各国面临一个共同的社会问题：青少年犯罪有增无减。自 20 世纪 80 年代末以来，各国犯罪率以 5%的速度每年递增。进入 21 世纪，美国的七种严重的刑事犯罪平均每年发案 2000 多万起；中国 400 万起左右。而青少年犯罪在整个刑事犯罪中的比例逐年上升。这一问题已引起全世界的高度重视。

《中华人民共和国刑法》第十七条规定：

已满十六周岁的人犯罪，应负刑事责任。

已满十四周岁不满十六周岁的人，犯故意杀人、故意伤害致人重伤或者死亡、强奸、抢劫、贩卖毒品、放火、爆炸、投毒罪的，应当负刑事责任。

## 案例再现

2002 年 4 月的一天下午，某小学的女学生张某由于经常受到同桌男生的欺负，就决定报复一下。她将同桌买来的牛奶袋子咬破一个口子，再灌入一点老鼠药，然后放回抽屉里，下午，同桌喝了这有毒的牛奶后，很快就有了中毒反应，幸亏被及时送到医院抢救，这才避免酿成大祸。

这起案件侦破后，投毒学生后悔不已，她说自己没有想到会出那么大的事情，以为同桌喝了有毒牛奶只会拉肚子。但是该学生的后悔不能让她逃脱法律的惩罚，她照样受到了惩处。

## 各抒己见

看完这个案例，你有什么感受？你能从中吸取什么经验教训吗？

### 防微杜渐防违法犯罪

一个人走上犯罪道路不是一朝一夕的事。常言道："千里之堤，溃于蚁穴。"如从小养成了不良习性，以后要改正就很难。如果平时不遵纪守法，不注重学习科学文化知识，不注重规范自己的言行，不按照各种规章制度做事，最后必将酿成大错，到那时后悔就已经来不及了。

《中华人民共和国预防未成年人犯罪法》第十四条规定，未成年人的父母或者其他监护人和学校应当教育未成年人不得有下列不良行为：

（1）旷课、夜不归宿；

（2）携带管制刀具；

（3）打架斗殴，辱骂他人；

（4）强行向他人索要财物；

（5）偷窃、故意毁坏财物；

（6）参与赌博或者变相赌博；

（7）观看、收听色情、淫秽的音像制品、读物等；

（8）进入法律、法规规定未成年人不适宜进入的营业性歌舞厅等场所；

（9）其他严重违背社会公德的不良行为。

第十五条规定：未成年人的父母或者其他监护人和学校应当教育未成年人不得吸烟、酗酒。任何经营场所不得向未成年人出售烟酒。

未成年人不良行为的危害体现在以下几个方面：

（1）夜不归宿往往使孩子处于危险的境地；

（2）旷课是孩子走下坡路的信号；

（3）强拿硬要是犯罪的开端；

（4）偷拿家中钱财也是不良行为；

（5）赌博易使未成年人产生贪欲；

（6）吸烟、酗酒损害身体健康。

未成年人对犯罪要进行自我防范。

《中华人民共和国预防未成年人犯罪法》第四十条规定：未成年人应当遵守法律、法规及社会公共道德规范，树立自尊、自律、自强意识，增强辨别是非和自我保护的能力，自觉抵制各种不良行为及违法犯罪行为的引诱和侵害。

首先，"未成年人应当遵守法律、法规及社会公共道德规范"是对犯罪进行自我预防的基本条件。

其次，应当"树立自尊、自律、自强意识"。这是加强对未成年人进行人格培养，提高未成年人综合素质的一个重要方面。

最后，未成年人应当"增强辨别是非和自我保护的能力"。这是未成年人对犯罪进行自我防范的重要主观条件。

本条规定的以上三个方面，最终目的是要达到使未成年人能够"自觉抵制各种不良行为及违法犯罪行为的引诱和侵害"的目的。

## 案例再现

小刘、小彭、小陈都是某中学的初三学生。在家长老师眼中,他们都是好学生。一次外出游玩时,小刘、小彭、小陈结识了同样是未成年人的社会青年郑某,之后的交往中,郑某通过钱和烟的诱惑,逐渐将小刘、小彭、小陈"拉拢"成自己的小弟,而小刘三人竟也心甘情愿跟随郑某四处游荡。见时机成熟,郑某便安排小刘三人开始实施自己蓄谋已久的"犯罪计划"。之后的短短三天内,他们四人在辖区内侨某社区附近实施持刀抢劫8起,寻衅滋事4起,一时间,该社区附近人心惶惶。由于他们专挑下课学生和下班工人下手,附近学校的学生下课不敢独自回家,附近工厂的工人下班宁可绕远路也不愿穿过这片区域。该伙人在当地造成了十分恶劣的影响。

一天凌晨,在民警的伏击守候下,他们四人在再次准备实施抢劫时落网。公安机关将本案移送检察院起诉后,小刘等三人一度对讯问十分抗拒,认为他们都是在郑某的授意下犯案,并非主动实施,因而不应承担刑事责任。办案检察官并不就案办案,而是以知心叔叔的身份跟三个孩子拉起家常,与他们谈学习、谈生活。在检察官的感化下,小刘等三人不仅对自己的行为供认不讳,还认真书写悔过书,希望得到法庭的从宽处理。

日前,法院作出一审判决,四人均因犯抢劫罪、寻衅滋事罪,被判处有期徒刑三年至三年六个月不等。小刘、小彭、小陈听到判决后,当庭落下悔恨的泪水。

## 文明上网

在互联网高速发展的今天,我们的生活已经越来越离不开网络。网络给我们带来了很大的方便,丰富了我们的生活,但对我们也有一些潜在的危害。

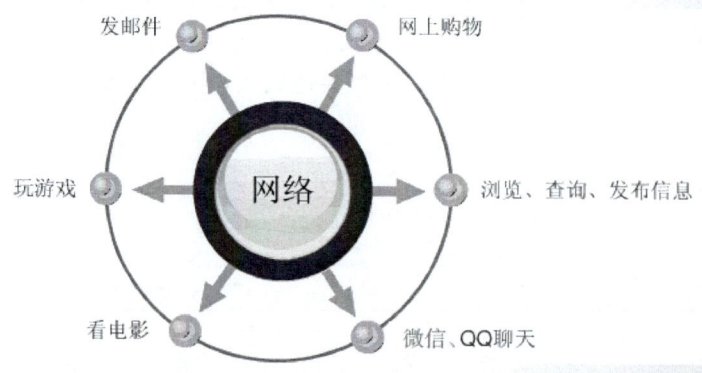

## 各抒己见

请同学们说说自己在网上都做了些什么？通过网络我们有什么收获？

## 案例再现

17岁的少年吴某沉迷于电脑游戏，无法自拔。为了偷钱上网吧，他在通州奶奶家，趁爷爷奶奶熟睡之际，亲手将奶奶砍死，将爷爷砍成重伤。

无独有偶，16岁的少年胡某在网吧里玩一种用刀捅人的暴力游戏时，由于技术欠佳，受到另一人的冷嘲热讽。在网络上"杀"红了眼的胡某当即火冒三丈，抽出超过半尺长的防身刀具，捅向受害人的胸口，导致受害人当场死亡。

## 各抒己见

看完上面两个案例，同学们怎么看待网络对青少年的影响呢？请结合身边的例子谈谈上网的利与弊。

作为中学生，我们要以健康的心态把网络作为生活的补充，这样我们就可以享受网络的诸多益处。在网络上，我们要注重浏览寻找与学习、工作有关的信息，学会"信息节食"，自觉抵御不良诱惑。同时，我们要善于利用网络技术解决工作学习生活中的问题，帮助他人解决一些困难，做一些对他人和社会有用的事情。

## 案例再现

近日，某中学生在与网友交往的过程中，将家中的电话号码、家庭住址、本人姓名、就读学校等信息均告诉对方，结果这位网友打电话到她家骗取了大量钱财，使该中学生家里损失惨重。

在某中学15岁女孩小红，在网上结识了一个网名叫"peerg"的网友，两人相谈甚欢，不久就见了面。某天，小红接到了"peerg"的短信息，说自己今天生日，叫小红出来一起玩，还特意叮嘱多带几个女同学来。当晚11时，小红按照事先约定，带着三名同学来到某卡拉OK厅包房和"peerg"及他的另两名朋友见了面。因喝了他们给的橙汁，小红等四名女孩昏迷后，被性侵。之后他们又抢去了她们3部手机及部分现金。

## 全国青少年网络文明公约

要善于上网学习，不浏览不良信息。
要诚实友好交流，不侮辱欺诈他人。
要增强自护意识，不随意约会网友。
要维护网络安全，不破坏网络秩序。

同学们，网络是一把双刃剑。网络对我们的成长确实有很大的帮助，它可以帮助我们上网查资料、做课件，为我们的学习提供便利，开阔我们的视野，增强我们与外界的联系。但是，我们也要清醒地认识到，网络上有许多不健康的东西，比如黄色网站、暴力游戏等，随时都在诱惑着我们，影响我们的健康成长。因此，每一个同学都应该学会合理使用网络，让网络成为我们成长中的好朋友。

上网时要注意以下几个方面的问题：

（1）认真学习网上知识，不浏览不健康的网站和网上信息。对网上与学习有关的资料，应保持自己的理解，学习筛选。真诚友好地与人交流，不侮辱、欺诈他人。

（2）尊重他人。对网上他人的说法或要求，应与家长沟通，征求家长的看法。

（3）增强自我保护意识，要经过家长同意，才可将家里地址、电话、学校、校名、自己的照片等个人资料在网上与别人交流。

（4）上网的时间有规律，科学地安排时间，远离网上游戏，不沉溺于虚拟时空。

（5）不制作、传播计算机病毒等破坏性程序。

# 第五章　生活与理财

# 第11课　理性消费

随着我国经济的快速发展，社会主义市场经济在不断完善，消费市场发生了翻天覆地的变化，中学生的消费市场成为商家的必争之地。中学生的消费状况也越来越受社会关注，那么，我校学生的消费观又是怎样的呢？请完成以下调查测试！

## 中学生消费习惯小调查

（1）你一个月大概花费多少零用钱？
A. 没有　B. 50以下　C. 50～100元　D. 100～200元　E. 200元以上
（2）你觉得够不够用？
A. 有剩余　B. 一般　C. 不够
（3）如果不够用，你是否会向别人借？
A. 会　B. 经常　C. 不会　D. 看情况
（4）你的零钱大多花费在什么地方？
A. 娱乐方面　B. 装饰方面　C. 学习方面　D. 生活或通信方面
E. 有关偶像明星的东西
（5）在节假日期间你是否会花很多钱？
A. 很多　B. 一般　C. 较少
（6）在商店里有你极喜欢的东西，但太昂贵了，你怎么办？
A. 不会买　B. 看清楚再决定（与父母、朋友商量）　C. 立刻买
（7）购物之后是否会后悔买了不该买的东西？
A. 否　B. 有时　C. 经常
（8）你在节假日会去西餐厅（餐馆）吃饭吗？
A. 一定会　B. 有时候　C. 不会
（9）你生日或同学生日（或其他事宜）会不会一起庆祝？
A. 会　B. 有时候　C. 不会
（10）你们的付款方式是：
A. 凑钱　B. 自己请客　C. 别人请
（11）你或你的朋友有手机吗？
A. 有　B. 没有

（12）你会追求名牌的服饰、手机或其他用品吗？
A. 会　　B. 不会　　C. 有时候会　　D. 无所谓
（13）你是否经常光顾一些名牌专卖店？
A. 经常　　B. 有时候　　C. 甚少　　D. 不清楚
（14）你买名牌的原因是：
A. 款式新颖、有型　　B. 人有我有　　C. 质量好　　D. 摆阔
（15）你会记账吗？
A. 从来不会　　B. 会　　C. 有时候会　　D. 没有想过
（16）你认为自己是否懂得理财？
A. 懂得　　B. 不懂得
（17）你认为自己的消费高不高？
A. 很高　　B. 比较高　　C. 一般　　D. 较低
（18）用一两句话写一写你对自己消费情况的评价。

　　我们花费的钱大多来自于父母的辛勤劳动，珍惜金钱就是珍惜父母的劳动。即使在物质资料相对丰富的今天，也应提倡艰苦奋斗、勤俭节约的优良传统，反对铺张浪费，做到量入为出，量力而行，绝不能向家长提出过分要求。将来，同学们还要学会通过自己的劳动获得适量的金钱，适度消费、协调消费、科学消费，也就是要"用之有度"。

　　随着生活水平的提高，中学生的消费结构也逐渐向享受型、高档型，多元化发展。由于年龄、思维能力、社会经历的原因，中学生的消费心理、消费行为免不了有不合理的成分。那么，中学生应该如何理性地看待生活中的消费呢？

　　中学生应端正消费观念，它的确立需要个人、家庭、学校、社会的共同努力。消费心态可以潜移默化地影响一个人的价值取向和道德情操。中学生要提高自己的理财能力，树立正确的消费观念，培养对金钱的管理能力。不要盲目追求品牌，盲目攀比，不要挥霍无度。要有目的地、有限度地消费。毕竟我们还是学生，衣食住行靠的都是父母，现在花的钱都是父母的血汗钱，应该节制，当用则用，当省则省。

## 各抒己见

图中两个同学的消费习惯是否合理？为什么？

# 第 12 课　投资与理财

现在的生活越来越好了，孩子们花钱也都是大手大脚，钱一到手中，就挥霍得分文不留。同学间甚至会出现攀比、过度消费的现象，这对青少年日后的自身发展非常不利。作为一名中学生，为了适应以后的社会，有必要提前培养自己的理财能力。那么我们应该怎么样理财，以及通过怎样的途径去理财呢？

## 中学生理财意识小调查

（1）今年你有没有收到压岁钱？

A. 没有　　　B. 有

（2）你收到多少压岁钱？

A. 500 元以内　　　　　B. 500～1000 元

C. 1000～2000 元　　　 D. 2000～3000 元

E. 3000～4000 元　　　 F. 5000 元以上

（3）你把压岁钱用在什么地方？（可多选）

A. 买教学辅导书　　　　　　　B. 买自己喜欢的休闲书

C. 买手机、游戏机等电子产品　D. 娱乐、社交等方面

E. 买服装　F. 用来交学费　G. 存到银行　H. 其他

（4）你现在还剩下多少压岁钱？

A. 500 元以内　B. 1000 元～2000 元　C. 2000 元～3000 元

D. 3000 元～4000 元　　E. 4000 元以上

（5）你以前是否向同学或其他朋友推销过糖果或参加过其他类似的活动？

A. 有　　　B. 没有　　　C. 偶尔

（6）有没有想过父母的钱怎么来的？

A. 有　　　B. 没有　　　C. 偶尔

（7）是否有过向父母借钱的想法？

A. 有　　　B. 没有　　　C. 偶尔

（8）如果你有 10 元钱，一般会在多长时间里花掉？

A. 一个星期　　　B. 三天　　　C. 一天

拥有理财意识，可以对自己的生活目标、财务资源进行更好的规划。

## 读一读

一个富人有一个穷亲戚，他觉得自己这位穷亲戚很可怜，就发了善心想帮他致富。

富人告诉穷亲戚："我送你一头牛，你好好地开荒。春天到了，我再送你一些种子。你撒上种子，秋天你就可以获得丰收、远离贫穷了。"穷亲戚满怀希望地开始开荒。

可是没过几天，牛要吃草，日子反而比以前更难过了。穷亲戚就想，不如把牛卖了，买几只羊。先杀一只，剩下的还可以生小羊，小羊长大后拿去卖，可以赚更多的钱。

他将计划付诸实施了。可是当他吃完一只羊的时候，小羊还没有生下来，日子又开始艰难了，他忍不住又吃了一只。

他想，这样下去还得了？不如把羊卖了换成鸡。鸡生蛋的速度要快一点，鸡蛋可以立刻卖钱，日子立马就可以好转了。

他又将计划付诸实施了，可是穷日子还是没有改变。他忍不住又杀鸡。终于杀到只剩下一只的时候，他的致富梦彻底破灭了。

他想，致富算是无望了，还不如把鸡卖了，打一壶酒，三杯下肚，万事不愁。

很快，春天来了，富人兴致勃勃地给穷亲戚送来了种子。他发现，这位穷亲戚正就着咸盐喝酒呢！牛早没了，房子里依然是家徒四壁，他依然是一贫如洗。

## 想一想

为什么穷亲戚最后还是一贫如洗呢？

理财不是让你一下子拥有很多钱，而是让你一辈子拥有很多钱。那么怎么才能一辈子拥有很多钱呢？

要做到这一点，你需要规划好攒钱、生钱、用钱三个环节。

## 攒 钱

收入是河流，财富是水库，花出去的钱就像流出去的水。最初的财富一定是攒出来的。

怎样攒呢？这就需要我们养成好习惯。

1．节俭的习惯

很多人认为，钱节省不下来，总是有花的地方。其实这是借口，很多时候你都可以养成节俭的好习惯。比如，是否可以少玩一次游戏，少和同学到外面吃一次饭，这样都能剩下一些小钱。长此以往，积少成多，小钱就会成为大钱。

2．计划消费的习惯

花钱一定要有计划。无论买书也好，玩游戏、喝饮料、请客也好，都要做到事先有计划，这样就不会导致过度消费。有计划还是帮助你克制冲动消费、实现理性消费的有效方法。

3．记账的习惯

很多同学说，我没必要记账，这是不对的。记账是一个好习惯，可以把自己零花钱的收入和都支出记下来，清楚了钱花到了什么地方去，看看有什么钱是该花的，有什么钱是不该花的。至少可以知道你往篮子里放的鸡蛋是不是都拿出去了。

4．学习理财知识的习惯

学习一些理财知识，丰富自己的头脑，就可以让自己少走很多弯路。要想把财理好，就要养成学习理财知识习惯，理财知识会使你擦亮眼睛，对理好财有很大的帮助。

5．坚持不懈的习惯

坚持不懈才能收到理财的良好效果。有句古话叫作"常立志，不如立长志"，说的就是坚持不懈的道理。所以说，要想打开财富之门，就必须养成良好的理财习惯，并持之以恒。

## 生 钱

知道了我们理财的钱从哪里来,也知道了攒钱需要具备的一些习惯和方法。下面我们来看看有了钱如何让钱保值增值。也就是如何让钱生钱。

我们的理财工具有很多,如银行存款、债券、保险、股票、信托、外汇、基金、银行理财、收藏品等。银行存款、债券、股票、保险是最常见的几种。

1. 银行存款

2. 债　券

国债

金融债券

企业债券

3. 股　票

4. 保　险

## 用　钱

　　用钱的计划很重要，不能无节制地花钱，天天"日光"，月月"月光"。其实我们只要把之前的如何攒钱、如何生钱运用好了，那么如何用钱应该是很简单的事情。只要计划好，自然就水到渠成。

　　用钱应遵循的几个原则：

　　（1）合法投资。

　　（2）安全第一，赚钱第二。

　　（3）投资要根据自己的实际情况、自己的经济实力，量力而行。

　　（4）谨记"不要把鸡蛋放在同一个篮子里"及"不要把鸡蛋放在太多个篮子里"两个原则。

　　（5）成功在坚持，理财在习惯。

### 理想理财"四三二一"方案

　　"四"：40%的钱存入银行，既有利息，又备日常使用。

　　"三"：30%的钱购买国债，以期获得比银行利息高但风险比股票小的回报。

　　"二"：20%的钱用于买股票，换取高回报。

　　"一"：10%的钱用于各种保险，防范于未然。

### 课外阅读：理财感想

投资理财中的学问很深。家庭理财是一门新兴的实用科学，它是以经济学为指导（追求极大化目标）、以会计学为基础（客观忠实记录）、以财务学为手段（计划与满足未来财务需求、维持资产负债平衡）的科学。

投资理财者大致还可以分为以下几种类型：

保守安全型

这类人的投资项目多为储蓄、保险等一些传统项目，比例一般为储蓄、保险投资占70%，债券投资占20%，其他占10%。

冒险速进型

这类人投资的成本占总资产的比重较大，风险偏好较强，投资比例一般为储蓄、保险投资占20%，债券、股票占30%，期货、外汇、房地产占50%。

稳中求进型

这类人的投资项目风险分散、收益可观、流动性较好，比例一般为储蓄占20%，基金、股票占20%，债券占20%，保险占20%，其他投资占20%。

家庭理财的一个重点就是要有发展的眼光，要用发展的眼光对待理财投资。敢于尝试新的投资领域，但在考虑利润的同时，控制风险是同等重要的。学会用小钱创造大机会，让你的生活充满希望、阳光。

善于减少不必要的开支，这也是理财必备的。具体说来，要做到：① 避免购物冲动；② 有计划地购买一些理财产品，同时注意时间差。

很多人买东西，考虑的最多的是实用性，也有一部分人会重视品牌。会理财的人懂得选择最优时机选购自己最喜欢的大品牌。

理财的关键是合理规划和使用资金，使有限的资金发挥最大的效用。不同年龄阶段有不同的理财方法：

### 求学成长期

这一时期以求学、完成学业为阶段目标。此时应多充实有关投资理财方面的知识，若有零用钱的"收入"应妥善运用，此时也应逐渐建立正确的消费观念，切勿"追赶时尚"，为虚荣所役。

### 初入社会期

初入社会的第一份薪水是经济独立的基础，年轻人可以开始进行理财操作。此时年轻，又有事业冲劲，是储备本金的好时机。从开源节流、资金有效利用两方面双管齐下，切勿冒进急躁。

### 成家立业期

此时的理财目标因各人条件及需求不同而各异，若是双薪无小孩的"新婚族"，投资实力相对较强，可适当选择收益性较高的理财工具，同时配备一部分风险较低的组合配置。而有小孩的家庭得兼顾子女养育，支出较大，理财宜稳健一些。

### 子女成长中年期

此阶段的理财重点在于子女的教育储备金，因家庭成员增加，生活开销亦渐增。还有赡养父母，则医疗费、保险费的负担也须衡量。夫妻双方此时因工作经验丰富，收入相对增加，理财投资也可采取组合方式，贷款亦可在还款方式上弹性调节加以运用。

### 空巢中老年期

这个阶段因子女多半已各自成家，教育费、生活费已然减少，此时的理财目标是包括医疗、保险项目在内的退休基金。因面临退休，资金也已累积到一定数目，投资可朝安全性高的保守路线逐渐靠拢。

### 退休老年期

此时应是财务状况最为好的时期，但保健费相对较大。享受退休生活的同时，理财应更"保守"，以"保本"为目的，不从事高风险的投资，以免影响健康及生活。

上述六个人生阶段的理财目标并非人人可实践，但人生理财计划也绝不能流于"纸上作业"，毕竟有目标才有动力。财富是靠"积少成多"逐渐累积的，平稳妥当的生涯理财规划应及早拟定，才有助于逐步实现"聚财"的目标，为人生奠定安定、有保障、高品质的生活基础。

# 第六章 心理与健康

## 第13课　寻找幸福

**诗朗诵**

### 幸福是什么

幸福是什么？
幸福是为他人带来欢乐，
幸福是开心的玩雪，
幸福是成为了一名少先队员。
幸福是一场酣畅的篮球赛，
幸福是品尝到自己的劳动果实。
幸福是荡着秋千仰望天空，
幸福是一次对科学的探索。
幸福是体验了坚韧，磨练了意志。
幸福是成长路上，这么多同学结伴同行。
幸福是甜甜的巧克力，
幸福是和朋友玩耍，
幸福是读到一本好书，
幸福是用自己的双手帮助别人，
幸福是和父母一起旅游，幸福是把爸爸妈妈逗乐。
幸福是什么？
幸福是拥有一个知己，笑有他相伴，哭有他安慰
幸福的味道就是实现梦想，哪怕一次也好。
幸福是没有压力的时候，做自己喜欢的事情。
幸福是早晨的一缕阳光，照进我的心房。
幸福就是和大家一起，笑着成长。
生活中不缺少幸福，而是缺少发现幸福的眼睛和感受幸福的一颗心。

## 各抒己见

2012年,央视"走基层"节目进行了公民幸福度的采访调查,引起了社会的广泛关注。不同年龄、不同身份、不同岗位的人对这一问题有着各不相同的回答,你觉得幸福是什么呢?组成采访小分队,对学校老师,同学进行采访,记录下你们的访谈。

主观幸福感,主要是指人们对其生活质量所做的情感性和认知性的整体评价。从这一种意义上讲,决定人们是否幸福的并不是实际发生了什么,关键是人们对所发生的事情在情绪上做出何种解释,在认知上进行怎样的加工。

## 练一练

请同学们分别讨论,分别采访,完成以下不同人有关幸福影响因素的表格。

表2 幸福影响因素调查表

| 角色 | 影响因素 |
|---|---|
| 学生 | |
| 老师 | |
| 父母 | |
| 孩子 | |
| 其他 | |

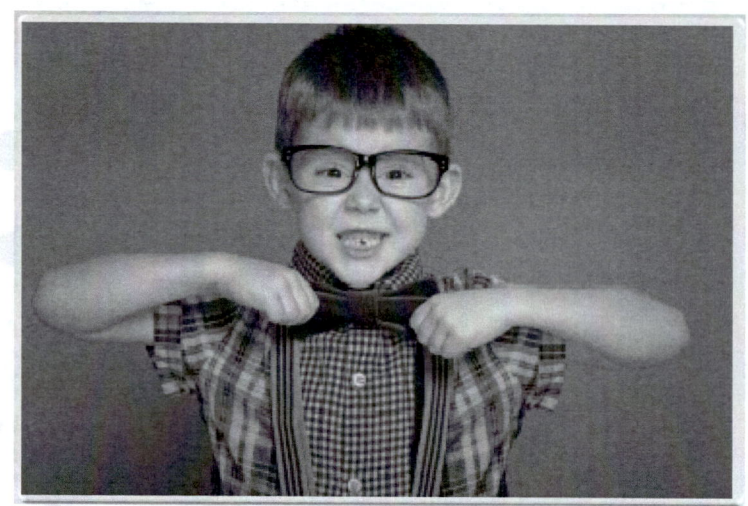

学生有哪些幸福呢?

(1)能够被家长逼着学习。因为有人在乎,所以幸福。

(2)能够叛逆地和家长老师对着干,但仍尊重他们。因为青春只有一次,所以幸福。

(3)每天两点一线,能够看着路上来来往往的车辆、路边的小树。因为简单,所以幸福。

(4)能够坐在教室里,为理想而努力。因为有所追求,有人陪伴,所以幸福。

## 幸福小指南

1．生活条理化

研究显示,严谨性对幸福感的影响是所有因素中最大的。所谓"严谨性",就是生活的条理程度,严谨克制,也就是传统文化所讲的审慎自律。具体体现在:日常作息有规律,工作有计划。康德可以说是这方面的典范。他严格控制自己的起居作息,生活得有条不紊。平静了纷繁的思绪,就可以用心思考、用心观察,才可以有更多的心力来体会生活的细节。

2．克服神经质

"神经质"不是精神病,它只是用来描述一个人情绪稳定程度的术语。神经质的突出表现是情绪不稳定。神经质的个体通常非常敏感,情绪不稳定,不仅让人感到不幸,也会带来诸多生理上的变化,比如,会导致人体免疫力下降,从而让人更容易染病。一如黛玉,看到花朵凋零,便联想到自己的身世际遇,悲从中来,泪流不尽,又何谈感受幸福呢?

3．掌握应对方式

心理学研究发现,人们在面对问题与压力时的第一反应有两种:问题应对和情绪应对。问题应对包括制订计划、采取行动、情感支持、工具支持、合理化解释、接受事实等。情绪应对则包括逃避、自责、情绪发泄、幻象、否认、忍耐等。小说《三国演义》中的诸葛亮就是一个典型的问题应对者。他在这方面的故事很多，唱空城计、火烧赤壁都是。当别人都在为曹操的进攻而惊慌时，他却提出以火烧赤壁来破解曹军的攻势。用具体方案来应对问题的人，比用情绪来应对问题的人更幸福。

4．合理满足需要

著名心理学家马斯洛提出，每个人都有基本的需要，包括生理需要、安全需要、归属和爱的需要、尊重需要、自我实现的需要。生理需要如吃饭、喝水睡觉等；安全需要如满足自己的安全感；归属需要即将自己划入某个群体的需要；爱的需要则包括爱人或被爱。基本需要若得不到满足，我们往往会觉得不幸。了解自己的基本需要，并合理地满足它们，是一门获取幸福的必修课。

5．常葆希望

研究显示，那些怀有较高希望的人更幸福。希望不仅仅是一种情绪，还是一种特质。作为一种特质，希望有两个成分：一是意愿目标，二是实现目标的路径。

## 各抒己见

最近一个月，你感受到的幸福有哪些？
你觉得要提升幸福感有哪些方法？

# 青少年主观幸福感量表

我们希望了解过去几周以来你对自己生活状况的看法,请你仔细阅读下面的每一题,参照你在大多数时间的状况,把相应的观点的数字填写在答题纸上相同题号的后面。请按照你的真实想法和感受,而不是你觉得你应该采取的方式作答,这一点非常重要。

1分:完全不符合  2分:不符合  3分:有点  4分:说不定

5分:有点符合  6分:符合  7分:完全符合

(1)我的朋友都很尊重我。
(2)我喜欢和我的父母在一起。
(3)我在学校里感到不舒服。
(4)我希望自己住在别的地方,而不是现在的地方。
(5)基本上没有人强迫我做自己不喜欢做的事。
(6)我在学业上取得了理想的成就。
(7)我有很多朋友。
(8)我的家庭是一个幸福的家庭。
(9)学校的很多事情我都不喜欢。
(10)我生活的环境周围有许多不如意的事情。
(11)基本上我都能按照自己的愿望行事。
(12)我对我的学业状况满意。
(13)如果我需要,我的朋友们都会帮助我。
(14)大多数时候我喜欢家长的教育方式。
(15)我喜欢去学校。
(16)我生活的地方社会治安好。
(17)基本上我有自主选择的自由。
(18)与多数同学相比,我在学校的发展较全面。
(19)我的朋友们对我很好。
(20)我的家人在一起相处很和睦。
(21)我喜欢学校生活。
(22)我生活的地方社会风气好。
(23)我在课余时间能做自己喜欢做的事情。
(24)与我的同学相比,我在学校中得到的荣誉较多。
(25)我在自己的同伴中很有威信。
(26)我的父母能平等的对待我。
(27)我喜欢学校的生活。
(28)我们生存的世界是和平安宁的。
(29)基本上没有人干涉我的生活。

（30）我觉得自己在同伴中很有面子。
（31）我喜欢结交与现在不同的朋友。
（32）我的家庭成员之间相互讲话很友善。
（33）我在学校的生活很有趣。
（34）我在学业上很有成就感。
（35）我与我的朋友在一起有很多趣事。
（36）我和我的父母在一起能愉快地交谈。

## 计分方式

除（3）（4）（9）（10）四道题目反向计分外，其他题目均顺向计分。其中：
友谊满意度：（1）（7）（13）（19）（25）（31）（35）；
家庭满意度：（2）（8）（14）（20）（26）（32）（36）；
学校满意度：（3）（9）（15）（21）（27）（33）；
学业满意度：（6）（12）（18）（24）（30）（34）（3）；
自由满意度：（5）（11）（17）（23）（29）；
环境满意度：（4）（10）（16）（22）（28）。

把各维度包含的题目的分数相加，然后除以维度的个数。得到的结果，如果在6分以上，得4分，即接近你的理想，你对自己在该领域（家庭）的生活非常满意。

在5至6分之间，得3分，即说明你对自己在该领域（家庭）的生活基本满意。

在4至5分之间，得2分，即说明你对自己在该领域（家庭）的生活有些满意有些不满意。

在4分以下，得1分，即说明你对自己在该领域（家庭）的生活基本不满意。

将你在各维度上的分数相加，参照下表，得出你对生活的满意度。

表3　生活满意度对照表

| 阶段 | 相当满意 | 基本满意 | 相当不满意 |
| --- | --- | --- | --- |
| 初中 | 30.50 以上 | 26.16 左右 | 21.80 以下 |
| 高中 | 28.90 以上 | 25.00 左右 | 21.10 以下 |
| 大学 | 32.80 以上 | 29.10 左右 | 25.40 以下 |

## 情景表演

1.《妈妈与我》

我：又放学了，真不想回家，好了，先去网吧上网聊会儿……

妈：都快七点多了，这丫头怎么还不回家呢？会不会路上出什么事了呢？真是急死了！

我：妈，饭菜都好了吗？我肚子饿死了！

妈：你这丫头又去哪里了？都七点半了，你已经保证五点半之前回家的！你让我以后怎么相信你……

我：别说了！不要烦我好不好？不就迟一点回来吗！有什么大不了！

妈：你竟然用这种口气跟我说话！我为了什么啊？我还不都为了你呢！真自私！

我：你才自私呢！你还当我是小孩呀！我都读高中了！以后我的事你少管！

妈：你！你长大了，我说不得你了，但我还是你妈，以后除了周末外，五点半后就不要回这个家了！不管有什么理由！

我：（感到很委屈，哭了）……

2.《爸爸与我》

我：好不容易周末了，上会儿网，玩下游戏……

爸：成天就知道上网、玩游戏，学习不见你放半点心思，你看人家隔壁的孩子，学习多好，多认真啊！

我：哎呀，我就好不容易周末玩一下而已嘛！真啰嗦，隔壁家的孩子那么好，你认他做儿子啊……

爸：你这什么态度？我还说不得你啊！我这成天辛辛苦苦的为了谁，还不都是为了你将来好过点。

我：是，为了我，从我出生到现在，你什么不说是为了我！是我没用，让你失望得了吧！

爸：你竟然用这种口气跟我说话！翅膀硬了啊！有本事你别只会顶嘴，你考次好的让我看看啊！你做点实际的事啊！

我：你没生出那么聪明的儿子，也没教出那么优秀的儿子，自己没本事就别强加在我身上！

爸：（"啪"！一巴掌打了下来）

沉默，冷战……

**想一想**

生活中，你们和父母在一起的时候有没有发生过矛盾或有过烦恼事呢？

同一句话，不同的表达方式会带来很不一样的效果。和父母沟通时，不能因为他们是至亲而忽略了这点，用甚至比对陌生人更差的态度去回应父母。多些容忍和包容的语气，会减少和父母的很多矛盾，让沟通达到理想的效果。

自从懂事以来，你有很好地和父母进行交流，了解他们的成长和人生中的经历吗？

与父母（或监护人）进行一次诚恳、耐心、愉快的交流，完成以下表格。

表4　家庭调查表

| 出生年月 | 父 | | 学历 | 父 | | 职业 | 父 | |
|---|---|---|---|---|---|---|---|---|
| | 母 | | | 母 | | | 母 | |
| 喜欢的运动、影视、音乐、食物 | 父 | | | | | | | |
| | 母 | | | | | | | |
| 父母的偶像（榜样），原因 | 父 | | | | | | | |
| | 母 | | | | | | | |
| 父母儿时最难忘的事： | | | | | | | | |
| 父母求学时难忘的事： | | | | | | | | |
| 父母年轻时的理想是什么？是否实现了？主要原因？ | | | | | | | | |
| 父母对我印象最深的一些事： | | | | | | | | |
| 我对父母印象最深的一些事： | | | | | | | | |
| 父母希望我改掉哪些不足： | | | | | | | | |
| 父母最满意我的哪些表现： | | | | | | | | |
| 父母希望我成为什么样的人？ | | | | | | | | |
| 我要从父母身上学会哪些为人处世的态度、方法或品质？ | | | | | | | | |
| 希望父母在哪些方面改变和自己相处的方式或教育的方式？ | | | | | | | | |
| 谈话感想（可附页补充）： | | | | | | | | |

父母对我们有哪些印象深的事情？

也许是刚出生的时候哇哇大哭；

也许是经常生病、挑食顽皮、摔伤了；
也许是初中家长会老师表扬了我；
也许是第一次拿奖状；
也许是下大雨，一家人到处找我；
也许是在网吧找到我，打了我一巴掌；
也许是我第一次煮饭，很难吃，但他们吃得最多。

好的、坏的、开心的、难过的、懂事的、胡闹的、操心的、放心的……他们都放在心里。

父母虽然嘴上整天唠叨、提要求，拿你和邻居家的孩子比较，因为他们希望你是上进的，是越来越好的，他们真正愿意看到的，是你的努力，是你对自己的生活负责，是你为自己的舒适未来留一些好的选择。

你对父母有哪些印象深刻的事情呢？

也许是和别人家孩子作比较，打我，只关心我的成绩，只顾着工作没时间陪我、答应过我的事做不到，不许我玩手机……

我们对父母的记忆，真的只有这些吗？

还有生病带我去医院、下雨天到学校接我、放学很久没回家一直在找我、作文拿奖后他们开心地收着奖状、家长会老师表扬我……

也有着很多的关爱和骄傲的时刻，我们是放在心里的。

父爱母爱是你们还能坚持着一点努力的原因，只是，你没还没有把它上升为一种责任，所以，这也是你们还不够努力的原因。

### 想一想

从默默奉献的父母身上，你学会了什么？

你可以去改变和父母相处的一些什么问题？又可以为父母做些什么呢？

让我们从细小的行动开始吧，学知识，多思考，学做事。比如：
（1）体谅父母，不任性、顶撞、反叛；
（2）做力所能及的家务；
（3）照顾好自己的衣食住行，让父母放心；
（4）尽力完成阶段的学习任务，取得优异成绩；
（5）多问候，多和父母沟通。

## 第 14 课　认识自我

**想一想**

什么动物早晨四条腿走路，中午两条腿走路，晚上三条腿走路？

这个谜语叫斯芬克斯之谜，出自古希腊神话故事《俄狄浦斯王》。

这个谜语的答案是：人。

人，必须反思和认识自己！

我是谁？我来自哪里？我要到哪里去？这是人认识自我的最简单又最难解答的问题。

自我认识指一个人对自己各种身心状况以及自己和周围关系的一种认识，也是人认识自己和对待自己的统称。

"我是谁"包含我的外表、举止、体质、能力、性格特点、知识水准……

"我从哪里来"包括我的籍贯、家庭状况、社会角色、拥有的资源、学历、生活经历……

"我将往何处去"包括对自己未来人生的设计，或说人生规划，如：自己希望在学习上、情感上、社会成就上达到什么样的目标，以及实现这些目标的具体计划等。

认识自己，才能更清楚自己现在的位置；认识自己，才能更好地追求未来自己的人生。

认识自我最重要的两点意义是：一是越是个人的东西越普遍。反思自己，了解自己的人，对别人做出过分、不道德行为会相对较少。二是挖掘自身潜能，帮助自己成为最好的自己！

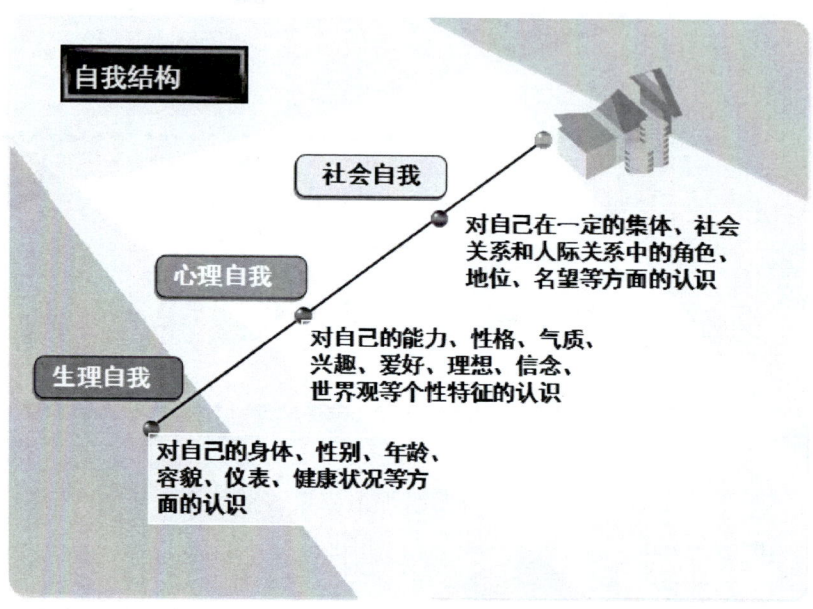

下面是有关自我满意度的调查，根据自己的情况选出最符合的一项。

## 自我满意度小调查

A．很满意　B．较满意　C．不太满意　D．很不满意

（1）当我想到自己的容貌时，我感到（　）。
（2）当我从镜子里看到自己的身材时，我感到（　）。
（3）当我看到自己的皮肤时，我感到（　）。
（4）当我想到自己的性格时，我感到（　）。
（5）当我想到自己的意志时，我感到（　）。
（6）当我想到自己的情绪调节能力时，我感到（　）。
（7）当有人问起我记忆力如何时，我感到（　）。
（8）我对自己的理解能力感到（　）。
（9）我对自己的社交能力感到（　）。
（10）我对自己的谈吐感到（　）。

让我们改变能改变的，比如微笑、锻炼、礼仪、衣着谈吐，悦纳不能改变的，比如容貌。

请完成下面有关自我认识的表格。

表 5　自我认识调查表（一）

| 部位 | 实际的样子 | 理想的样子 |
|---|---|---|
| 眼睛 | | |
| 鼻子 | | |
| 嘴巴 | | |
| 头发 | | |
| 身高 | | |
| 体重 | | |

表 6　自我认识调查表（二）

| | 自我感觉 | 他人评价 |
|---|---|---|
| 兴趣爱好 | | |
| 魅力 | | |
| 性格特点 | | |
| 能力特长 | | |
| 理想 | | |
| 思想观念 | | |
| 其他 | | |

表 7　家庭成员风格调查表

| 对象 | 为人处事的优点 | 为人处事的缺点 |
|---|---|---|
| 爷爷奶奶 | | |
| 外公外婆 | | |
| 父母 | | |
| 兄妹 | | |
| 自己 | | |

**想一想**

我继承了亲人们的哪些优点和缺点？

我有哪些和父母不同的特点？

我现在的哪个优点是因为我做了改变的选择后所具备的？

认识了自我之后，就要逐步去反思自我，改变自我，制订计划，让自己成为更好的自己。

请为自己制订计划，完成下面的的表格。

表8　各阶段目标

|  | 内容 | 实现步骤 | 优势 | 阻碍 | 自我检验 |
| --- | --- | --- | --- | --- | --- |
| 近期目标 |  |  |  |  |  |
| 中期目标 |  |  |  |  |  |
| 远期目标 |  |  |  |  |  |

认识自己是终其一生的课题。我们都得不断地去反思过去的自己，了解现在的自己，探索未来的自己！那么如何更好地认识自己呢？

1．在经常自我反省中认识自我

孔子曰："吾日三省吾身。"只有经常进行自我思考、反省，才能更清楚地了解自己。

2．在他人的评价中认识自我

"当局者迷，旁观者清。"往往别人的看法是更客观的。不但要听取别人的好的评价，更要学会接受批评。有一句话说的好："不识庐山真面目，只缘身在此山中。"

3．在与别人的比较中认识自我

唐太宗有句名言："以铜为鉴，可正衣冠……以人为鉴，可明得失。"

4．看看自己有哪些改变

一般来说，成绩的变化可以反映自身的努力成效，社会衡量一个人的价值不也是主要通过其做出的成果来论定的吗？

知人者智，自知者明！愿同学们都能更多地去了解自我，充分地塑造更好的自己！

# 第15课 优秀是一种习惯

你一定熟悉这样的现象：骑自行车的时候，刚开始是不是很费力气？而一旦骑起来以后，就会感到轻松多了。汽车在发动的时候很慢，而后速度会越来越快……

这就是"飞轮效应"。为了使静止的飞轮转动起来，一开始我们必须使很大的力气，一圈一圈反复地推，每转一圈都很费力，但是每一圈的努力都不会白费，飞轮会转动得越来越快。达到某一临界点后，你无须再费更大的力气，飞轮依旧会快速转动，而且不停地转动。

我们每个人都想变得出色，都想让自己发展得更快些，但却往往输在起点上。正如"飞轮效应"一样，一开始我们必须付出数倍的努力，而你一旦开始，就会有一定的惯性推动着你去行动。

## 培养良好的习惯

古希腊哲学家亚里士多德说："优秀是一种习惯。"那怎样才能让优秀成为一种习惯呢？

1. 第一步：想一想是什么阻碍了你

### 读一读

有个懒惰的年轻人，四处拜访智者，寻求能够克服凡事提不起劲的方法。他终于找到一位大师。大师听完年轻人的来意后，便带着他来到一个火车头旁边。大师将一个木块卡住火车头的轮子，然后让年轻人启动火车。蒸汽火车头马力已全部开启了，可是火车头就是不动。接着，大师拿起了木块，火车头立即动了起来，缓缓加速前进。

大师笑着对年轻人说："就这个小小的木块，让这个时速可达一百公里以上的火车头寸步难行。年轻人，你内心的火车头被什么样的小木块阻挡住了呢？除了你自己之外，没有任何人能帮你拿掉你的惰性。"

学习不会像转动飞轮那样简单，需要智慧和毅力，你需要找到适合自己的一套方法。

2．第二步：找到适合自己的方法

五步学习法：

（1）课前自学，对于不理解的地方做好标记；

（2）课堂领悟，掌握基本原理的来龙去脉；

（3）课后回顾，加深课堂理解；

（4）检验巩固，做到脱离课本，独立思考；

（5）经常总结，能够用自己的语言表述所学的知识并加以运用。

简单来说，学习就是养成习惯。找到令自己满意的方法，并且坚持下去，成为习惯。

3．第三步：你需要不断调整自己

每个人都有自己的梦想。开始时，我们会满腔热情。然而"事情永远不会百分之百地像我们预期的那样"，总会遇到种种问题。一旦你屈服、妥协，刚刚"旋转的飞轮"就会慢慢停止转动，直到有一天，你无奈地发现梦想和现实是那么遥远。

所以我们还要不断地调整自己——向着自己既定的方向努力。

优秀是一种习惯，但是，首先，你必须习惯于优秀。

### 抛弃陋习,战胜自我

目前阻碍你进步的最严重的陋习:

这个习惯可能会对你的人生产生什么影响:

克服陋习的第一阶段:

克服陋习的第二阶段:

克服陋习的第三阶段:

克服方法:

美国心理学家威廉·詹姆斯说:"播下一个行动,收获一种习惯;播下一种习惯,收获一种性格;播下一种性格,收获一种命运。"就是说,习惯是可以决定一个人命运的。

## 努力塑造良好的性格

世界上没有两片完全相同的树叶,也没有性格完全相同的两个人。每个人都有自己独特的性格特征。

### 各抒己见
你了解自己的性格特征吗?请和同学们交流讨论。

## 读一读

邓亚萍曾因身体条件一度被拒于省队、国家队的门外。她很不服气,下决心要证明自己能够成为一名优秀的乒乓球运动员。她凭着不服输的个性,顽强拼搏,终于以优异的成绩选入国家队,后来又多次获得世界冠军。

"金无赤足,人无完人。"每个人都会有性格弱点。性格弱点不仅影响我们的人际关系,而且是导致生理和心理疾病的原因之一。

科学家做了一个实验,他们将 45 名学生按不同性格分为三组。第一组学生性格谨慎、安静、知足;第二组学生性格自觉、积极、开朗;第三组学生性格急躁、易怒、不太知足。30 年后,科学家对这 45 人的健康状况进行检查。结果第三组的人患癌症、心脏病和精神失常的占 77.3%,而第一组仅为 25%,第二组为 26.7%。

实验充分证明,良好的性格对健康有益,性格缺陷影响健康。

克服性格弱点的方法主要有:

1．重在行动

在生活实践中有意识地去克服自己性格中的弱点。

2．贵在韧劲

克服性格弱点不能急于求成,要锲而不舍,有足够的毅力。

3．加强自我教育

学会战胜自己的弱点,用自我的力量约束自己,克服自己的性格弱点。

4．置身于集体的监督之中

接受集体的帮助和监督,依靠集体的力量来塑造自己的性格。

## 学生日记

**5月15日 晴 我怎么了**

我有三怕：一怕上课，特别是遇到老师提问，我就紧张，因为怕老师点到我的名，我总是把头埋得很低，手心出汗，心跳加快，一直到下课才会放松；二怕考试，每到考试前，我总是往厕所跑，心"扑通扑通"地跳个不停，总担心自己考不好；三怕和老师、长辈说话，一说话就紧张得结结巴巴、语无伦次。唉！我该怎么办？

## 各抒己见

你还有更好的方法远离焦虑吗？请和大家多交流。

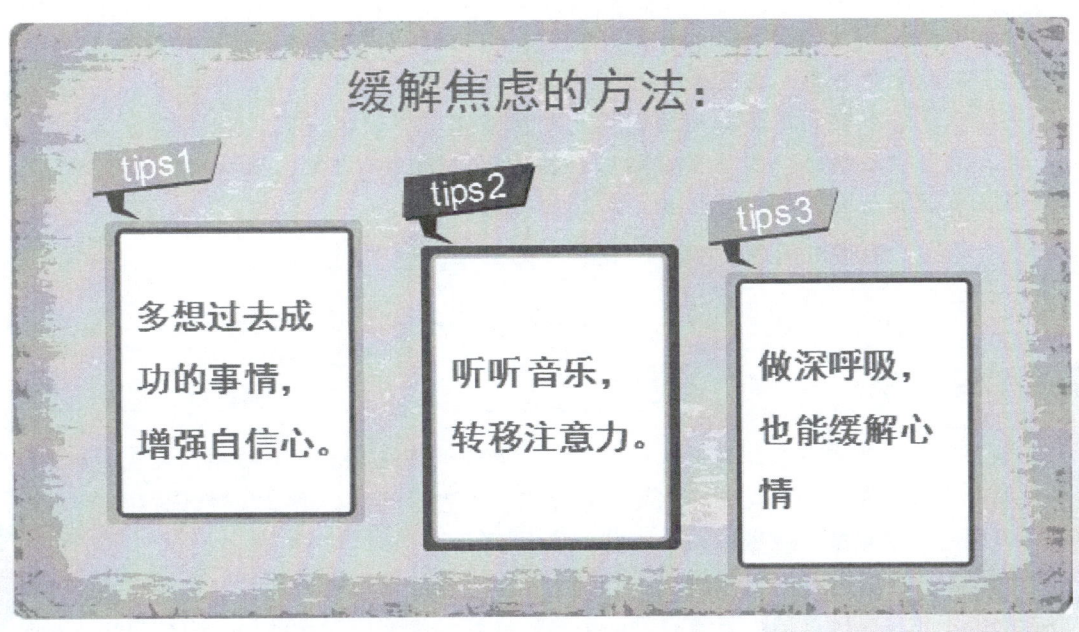

缓解焦虑的方法：

tips1 多想过去成功的事情，增强自信心。

tips2 听听音乐，转移注意力。

tips3 做深呼吸，也能缓解心情

　　由于年龄特点和受环境因素的影响，我们身上或多或少地存在一些性格缺陷，影响着我们的身心健康。只要我们正确认识、勇敢面对，并采取科学的方法去矫正，就能走出缺陷的阴影。

## 读一读

林黛玉,《红楼梦》中的金陵十二钗之一,是一个才华横溢而性格孤傲的女子。她多愁善感,常常为一些不经意的小事而悲伤流泪。花开花谢本来就是自然现象,但她却由此而想到人生的悲欢离合、聚散无常。她深爱着宝玉,但又感到很难如愿,因而常常顾影自怜,暗泣于无人之处。最终,林黛玉在贾府中郁闷而死,成为一个典型的悲剧人物。

可见,性格对人的一生影响是很大的。

### 做情绪的主人

潮起潮落,冬去春来,夏末秋至,日出日落,月圆月缺,雁来雁往,花飞花谢,草长瓜熟……自然界万物都在循环往复的变化中,人也不例外,情绪会时好时坏。

美国心理学家推孟曾做过一个实验。他在25万个小学生中挑选出1500个智商较高的男女同龄学生进行长期追踪研究,对其中150名日后最成功者的总结表明,获得卓越成就的人不仅仅是因为他们具有良好的智力,良好的情绪因素如热情、自信等也在他们的成功中发挥了十分重要的作用。

英国一些心理学家做了一项实验,他们把人生气时血液中含有的物质注射到小老鼠身上,以观察其反应。初期这些小老鼠表现呆滞,胃口尽失,整天不思饮食,数天后就默默地死去了。结果证实，生气对人体危害极大。所以，情绪是需要调控的。

想一想

情绪对生活和行为有什么影响？

同样是下雨，为什么会引起人不同的情绪呢？

## （一）情绪的作用

表9  情绪对人的影响

| 情绪类型 | 情绪对日常状态的影响 | 情绪对身体健康的影响 |
|---|---|---|
| 积极情绪 | 使人精力充沛，思维活跃，效率高，能有超水平发挥 | 心情舒畅能防病治病，使人健康长寿 |
| 消极情绪 | 精力不足，思维迟钝，效率低，发挥失常 | 降低人体的免疫力，容易致病 |

## （二）战胜情绪的方法

1．转移注意力

把注意力从导致你情绪不佳的事情上移开，如转移话题、做感兴趣的事等，使情绪有个缓解的机会，让自己摆脱消极情绪的影响，比如跳舞、上网、画画、睡觉等。

2．合理发泄情绪

在适当的场合哭一场；向他人倾诉；进行剧烈运动；放声歌唱。

3．理智控制法

学会心理换位、自我激励、自我暗示、学会升华。

> 假如生活欺骗了你，
> 不要忧郁，也不要愤慨！
> 不顺心时暂且克制自己，
> 相信吧，快乐之日就会到来。
> 我们的心儿憧憬着未来，
> 现实总是令人悲哀：
> 一切都是暂时的，转瞬即逝，
> 而那逝去的将变为可爱。
>
> ——[俄] 普希金《假如生活欺骗了你》

**想一想  猜一猜**

**思考：怎样克服不良情绪，保持良好的情绪状态？**

# 第16课 天行健，君子以自强不息

"天行健，君子当自强不息。"意思是说君子应该像天宇一样运行不息，即使颠沛流离，也不屈不挠；如果你是君子，待人接物度量要像大地一样，没有任何东西不能承载。成功，需要无尽的艰辛和等待。所以就有天行健，君子以自强不息。唯有自强不息，才能用毅力和睿智去实现奋斗一生的梦想。

古往今来，君子自强不息获得成功的例子枚不胜举。囊萤映雪、凿壁借光、头悬梁锥刺股、张海迪身残志坚、霍金笑对人生……这些例子中的主人公生命不止，奋斗不息，无论他们身处顺境还是逆境，都是刚毅坚定，发愤图强。

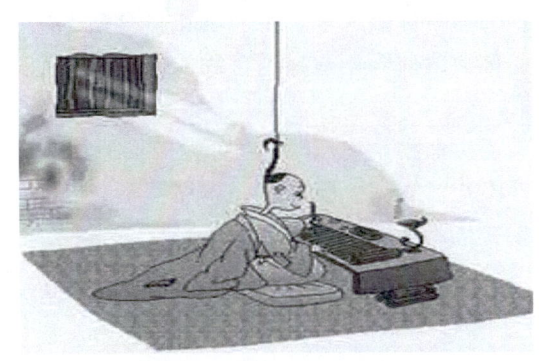

人生难免会遇到大大小小的挫折，遇到挫折的时候，我们应该保持什么样的态度呢？

**想一想**

你都遇到哪些学习和生活上的挫折？

生命有限，人生路途坎坷不平，在面对可能是机遇、可能是危机，也可能是自己所不能承受的压力时，有的人选择了全力以赴，自强不息，用生命描绘奋斗的轨迹，用圆满来为人生画上成功的句号；有的人被外界事物所迫，半推半就中应付挑战，结果事倍功半，苦堪不已；有的人选择了逃避，想方设法躲避一切未知事物，殊不知人生路上必有挑战，即使你逃避了这次，上天也必定为你安排了另一种挑战。

### 想一想

面对挫折时，我们要怎样才能在挫折中奋起？

首先要磨砺自己的意志。只有意志坚强的人，才能在艰难的条件下，甚至在逆境中做出优异成绩；而意志薄弱者，则会在挫折和失败面前退缩，成不了大事。

然后要自强不息。自强并不是与生俱来的品质，它需要在长期的生活中自觉地培养。自强不息意味着自力更生，发愤图强，意味着在困难面前知难而进，顽强拼搏。

我们作为学生，现实中遇到挫折要怎样自强不息呢？

人生在世，现在所做的每一个选择、每一个决定，都在书写着你的未来。生命不止，自强不息，奋力一搏，你会因此而创造超越自我的奇迹，人生必定丰富多彩。

当生命划至终点时，也可以无悔地说，生命不止，奋斗不止。在闭上眼睛那一刹那，不会因虚度年华而悔恨，也不会因碌碌无为而羞耻！

### 读一读

1963 年，被诊断出肌萎缩性侧索硬化症。

1973 年，首部著作《时空的大尺度结构》出版。

1974 年，宣布发现黑洞辐射，成为英国皇家学会会员。

1979 年，《广义相对论评述：纪念爱因斯坦百年诞辰》出版。

1985 年，失去语言能力，使用带语音合成器的计算机。

1988 年，《时间简史：从大爆炸到黑洞》获沃尔夫基金奖。至今已销售 2500 万册。

1993 年，《霍金讲演录：黑洞、婴儿宇宙及其他》出版。

这就是霍金的自强人生。

### 想一想

你认为自己日后会是个成功的人吗?

美国思想家、诗人拉尔夫·沃尔多·爱默生曾说:"自信是成功的第一秘诀。"

将一只跳蚤放进杯中。开始,跳蚤一下子就能从杯中跳出来。然后,心理学家在杯上盖上透明盖,跳蚤仍然会往上跳,但碰了几次盖后,碰疼了,慢慢就不跳那么高了。这时心理学家再将盖拿走,却发现那只跳蚤已经永远不能跳出杯子了。

### 想一想

我们从中可以悟出什么道理?

### 读一读

在2002年的盐湖城奥运会上,杨扬为中国人摘得了两枚金牌。比赛后,杨扬告诉记者:"在比赛中,我心里不断地对自己说:'我是杨扬,相信自己。'就是这种信念使我唤醒了自信,发掘了潜能,赢得了最后的成功。""能取得这枚金牌我相当满意,这说明只要相信自己能行,就一定会超越自我,达到更高的完美境界。"

人要自信，要有远大目标，因为求上则可能居中，求中则可能居下！那如何建立自信呢？总结自己的优势、长处是个好办法。

1．认识自己的优点、能力和特长

在学习上：

（1）

（2）

在生活上：

（1）

（2）

在文艺上：

（2）

（3）

2．感受别人的欣赏

（1）每四人为一小组。

（2）先找一个人为评价对象，其他三个人轮流说出这位同学的优点、能力和特长。

（3）态度认真、真诚。

3．多尝试成功的体验

（1）多做自己拿手的容易取得成功的事情。

（2）把目标分解为若干阶段的小目标。

4．充实自我，提高自身能力

这是建立自信最根本的办法。

自信人生二百年，会当水击三千里！——毛泽东

懂得欣赏自己的人，才会懂得欣赏别人。——佚名

# 后 记

　　《基础教育课程改革纲要》规定："为保障和促进课程适应不同地区、学校、学生的要求，实行国家、地方和学校三级课程管理。"由此可见，校本课程开发研究将是今后我国课程改革的焦点，它对于学校实现办学宗旨，体现办学特色有着非常积极的意义。基于这样的认识，围绕学校的办学宗旨和特色进行校本教材的系列研究和开发，我们编辑了这本关于德育的校本教材。这本《琢玉成器》是玉林师范学院政法学院高中政治学科建设基地与玉林师范学院附属中学全体政治老师合作共研的成果。我们编写这本书的初衷就是让我们的德育教育归位：让我们的校本课程树立应有的"立人"情怀。我们的校本课程最大的特点就是让生本归位，让校本课程因学生的参与而更加精彩，让"立人"之花永放异彩。

　　校本课程的开发是一个系统工程，我们对于校本课程开发的认识还很肤浅，学生探究性学习的研究也刚刚起步，稚嫩之处难免。可喜的是，我们的一些初步的想法和行动得到了玉林师范学院政法学院相关领导、教授专家和玉林师范学院附属中学领导的支持和鼓励，以及广大教师、学生的积极参与，在此表示衷心的感谢！

　　此校本教材的编写工作主要是由玉林师范学院附属中学政治组全体成员合力完成：吴晔副校长主要负责前期教材逻辑思路、内容的编排以及后期文字的审核与修改；梁瑞雄、胡伟英、韦陈凤老师主要负责前期各版块文字的审核与修改；李斌、徐君悦、梁雁飞、罗静青、梅益贝老师分别负责各个版块的资料收集和编写：第一章"习惯与养成"和第二章"生活与礼仪"由李斌老师负责编写；第三章"生活与责任"由梅益贝老师负责编写；第四章"生活与法律"由梁雁飞老师负责编写；第五章"生活与理财"由徐君悦老师负责编写；第六章"心理与健康"由罗静青老师负责编写；校本教材的后期处理、封面设计、编写说明、目录、内容、后记到责任编辑、校对、插图等主要由李斌老师负责完成。

　　由于编写此校本教材时间紧，任务重，人手有限，在编撰过程中一是编写水平欠缺，经验不足；二是个人眼界和思维的局限，所以教材中的疏漏和错误之处在所难免，敬请广大读者提出宝贵的意见或建议，以期再版时日臻完善。

　　谨以此书献给成长中的孩子们。

　　衷心感谢在本书付梓过程中付出辛劳的各位同仁。

玉林师范学院附属中学政治组<br>2017 年 12 月

# 声 明

本书所选用的部分资料，因各种原因而未能及时联系到的作者，查询稿酬及相关稿酬的未明事宜，请与吴晔联系，邮箱：327757500@qq.com。